日本語をつかまえろ！

飯間浩明　文
金井真紀　絵

毎日新聞出版

日本語をつかまえろ！

もくじ

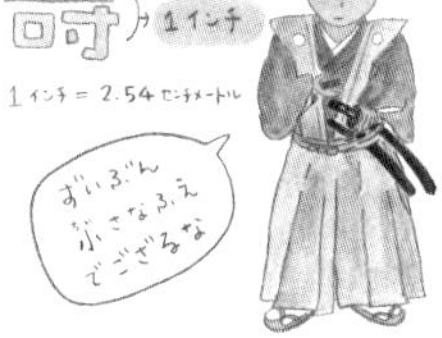
さむらい(の)
ふえ(は)
1インチ
1インチ＝2.54センチメートル
ずいぶん小さなふえでござるな

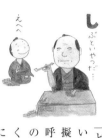

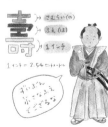

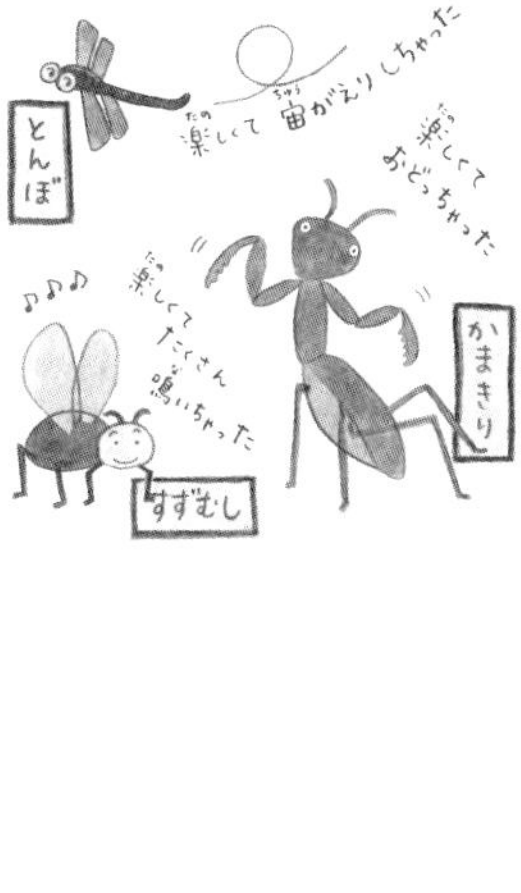
楽しくて宙がえりしちゃった
とんぼ
楽しくておどっちゃった
かまきり
楽しくてたくさん鳴いちゃった
すずむし

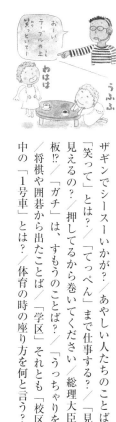

くっちゃん
倶知安
おこっぺ
興部
ぴっぷ
比布
おしゃまんべ
長万部
楽《たの》しい地名《ちめい》いろいろあるよ
アイヌの神さま
シマフクロウ

星《ほし》の林《はやし》
月《つき》の船《ふね》
柿本人麻呂《かきもとのひとまろ》さん
雲《くも》の波《なみ》

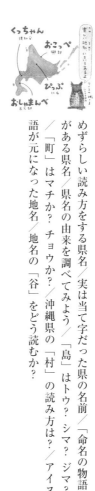

はじめに

こんにちは。飯間浩明《いいまひろあき》と言います。国語辞典を作る仕事をしています。最初に質問です。あなたは、国語の授業、好きですか？　もう学校を卒業した大人の場合は「好きだったか」を考えてください。

「好きです」と言う人は、私と同じです。私は子どものころから、本を読んだり、ことばについて考えたりするのが大好きです。

「きらいだよ」と言う人。うん、気持ちは分かります。漢字をくり返し書かされたり、毎日教科書を音読させられたりすると、いやになっちゃうかもしれません。本当はそういうトレーニングも大事なのですが、できれば、楽しく勉強したいですよね。

そう、私は、国語ってめんどくさいな、ことばって難しいな、と思っている人にも、この本を読んでほしいのです。

この本には、国語の授業ではあまり習わないこともふくめて、日本語の話をあれこれ書きました。この中には、きっとあなたの興味を引くものがある

はずです。「へえ、ことばのことを考えるって、意外に面白いじゃないか」。そう思ってもらえれば幸せです。学校の国語も、きっと好きになる……かもね。

いっしょに、きれいなチョウをつかまえるように、日本語の面白さをつかまえに行きましょう。メンバーはあなたと私、それから、日本語が大好きな文筆家でイラストレーターの金井真紀《かないまき》さん。彼女《かのじょ》が日本語の世界をすてきな絵にしてくれます。

第1章

◆響きとリズム◆

「どんぶらこ」はモモ専用なの？

昔話の「ももたろう」は、だれでも知っています。その中で、モモが川を流れてくる様子を、どんなふうに表しますか。そう、「どんぶらこ、どんぶらこ」ですね。

この場面が有名なので、「どんぶらこ」と言えば、みんなが「ももたろう」を思いうかべます。インターネットでは、「どんぶらこ」を「モモが流れてくる様子を表す専用のことば」と、じょうだんを言う人もいます。

もともとは、そうではありませんでした。「どんぶらこ」は、モモが流れる様子を表すためだけに作られたのではありません。

江戸《えど》時代の本では、ものが水に飛びこむ音を「どんぶらこ」と書いています。人も、川の中に「どんぶらこ」と飛びこみます。

昔話の「うりこひめ」という話では、ウリの実が川を「どんぶらこ」と流れてきた、と表現

どんぶらこの使用例《しようれい》
いちについて
ヨーイ…
どんぶらこ！

している本もあります。モモだけではなかったんですね。

宮沢《みやざわ》賢治《けんじ》の「風《かぜ》の又三郎《またさぶろう》」を読んだことがある人もいるでしょう。そのもとになった「風《かぜ》野《の》又三郎《またさぶろう》」という作品では、波の音を「ドンブラゴッコ、ドンブラゴッコ」と表しています。感じが出ていると思いませんか。

今では「どんぶらこ」には「ももたろう」のイメージが強く結びついています。「モモが流れる様子専用のことば」と言われるのも無理はありません。でも、これではもったいないですね。ほかの場面でもどんどん使ってかまわないことばです。

特別の場合のために作った表現

「どんぶらこ」ということばは、「ももたろう」のために作られたのではなかった、という話をしました。もともとは、水に飛びこむ音などにも使ったんでしたね。

「どんぶらこ」はともかく、特別の場合のために作った表現は、たしかにあります。

「ちょっきん、ちょっきん、ちょっきんな」ということばを聞くと、私は、カニがはさみを動かす様子を思いうかべます。カニの登場する童謡《どうよう》「あわて床屋《とこや》」（北原白秋作詞）に出てくることばだからです。

「ざわわ、ざわわ、ざわわ」はどうでしょう。風の音ですが、ただの風ではありません。沖縄に広がるサトウキビの畑の、葉っぱをゆらす風です。「さとうきび畑」（寺島尚彦《てらしまなおひこ》作詞）という歌に使われている表現です。

詩などの世界では、作者が自分で作った特別のことばを使うことが多くあります。斎藤茂吉《さいとうもきち》という歌人は、自分の作品の中で「逆白波《さかしらなみ》」ということばを使いました。寒い冬、ふぶきの中

で、川の波がはげしく立つ様子を表現したものです。国語辞典にものっていない、作者の発明品です。

数年前のことですが、「高校生の女の子が、いちばんおこったときの様子」をあらわす新しい表現が話題になりました。「激おこスティック、ファイナリアリティ、ぷんぷんドリーム」というのです。よっぽど特別な場合にしか使うことのできない表現です。実際に使った人はいたのでしょうか。

わいわい言う人っているの？

下校時刻に、小学生たちが、みんなでわいわい言いながら帰っていました。

こう書いてみて、私は「待てよ」と思います。子どもたちがにぎやかに帰っていたのは本当ですが、だれも「わいわい」とは言っていませんでした。なのに「わいわい言いながら」と書くのは変です。

同じようなことは、ほかにもあります。授業中、となりの子が、ぺちゃくちゃしゃべっていて、うるさかった。そんな経験はありませんか。でも、その子は「ぺちゃくちゃ」とは一言も言っていなかったはずです。

本当は言っていないのに、「わいわい」「ぺちゃくちゃ」のように、ものを言うふんいきを表現したことばがあります。これは、「擬音語《ぎおんご》」と言われるものの一部です。

ほかの例を考えてみましょう。ハイキングで「もうつかれたよ」「もう歩けないよ」と弱音をはきながら歩いている人がいます。この人の様子を、擬音語を使って、どんなふうに表せばいいでしょうか。

私なら「ひいこら言いながら歩いている」と表現します。「ひいこら」は、わりあい新しい擬音語です。といっても、私の子どものころには、もうあったことばですが。

つかれた人は、本当に「ひいこら」と発音しているわけではありません。でも、「つかれた」「歩けない」と苦しそうに言う様子を聞いていると、それが「ひいこら」に聞こえてくるのです。ふしぎですね。

音がしてるの？ してないの？

「雨がざあざあ降っている」の「ざあざあ」のように、ものの音や、人・動物の声を表すことばがあります。これを「擬音語《ぎおんご》」（または「擬声語《ぎせいご》」）と言います。

一方、「雪がしんしん降っている」の「しんしん」は、そういう音がしているわけではありません。これは、ものの様子をそれっぽく表すことばで、「擬態語《ぎたいご》」と言います。

二つは、はっきり分かれているようですが、区別が難しい場合も多いのです。

今、あなたは防音サッシの窓のついた部屋にいるとします。外を見ると、急に雨が強く降ってきました。その様子を人に伝えるとき、何と言うでしょう。「雨がざあざあ降ってきた」と言うのではないでしょうか。

窓が防音で、音がまったく聞こえなくても、強く降る雨の様子を「ざあざあ」と言うのです。するど、「ざあざあ」は擬態語とも言えます。

防音の窓なんてずるい、と言われるかもしれないので、別の例を出します。「ドアに頭ががつんとぶつかった」という場合、音が出ます。でも、「友だちと意見ががつんとぶつかった」という場合、音は出ません。「がつん」は擬音語でしょうか、擬態語でしょうか？　正解は「どっちの場合もある」です。

インターネットでは、「擬音語はカタカナで、擬態語はひらがなで書くべきだ」と言う人がいます。でも、私は賛成できません。どっちとも言える場合が多いからです。

一番古い擬音語・擬態語は？

「ざあざあ」「しんしん」などのことばを擬音語《ぎおんご》・擬態語《ぎたいご》と言うことは話しましたね。日本語には昔から多くの種類があります。

では、その中で、一番古いことばは何でしょうか。はっきり分かりませんが、候補のひとつは「こおろこおろ」です。日本で一番古い「古事記」という書物に出てきます。

大昔、イザナギノミコト・イザナミノミコトという男女の神が、海の中にほこ（やりのような武器の一種）を入れて「こおろこおろ」とかき回しました。それから、ほこを引き上げると、したたり落ちた海水がかたまって島になりました。これがオノゴロ島という島だ、と「古事記」に書かれています。

「こおろこおろ」は、海の水をかき回す擬音語で、「からから」「がらがら」などに当たります。そう言えば、何となく「ごーろごーろ」という音にも似ていますね。

「古事記」には、別の話もあります。オオアナムチという神が野原にいたところ、周囲が火事

になって焼け死にそうになりました。すると、そこにネズミが来て、「内はほらほら、外はすぶすぶ」と言いました。オオアナムチが地面をふむと、穴の中に落ち、火をさけることができました。

「ほらほら」は、中が大きな穴になっている様子、「すぶすぶ」は入り口がせまい様子を表す擬態語です。つまり、「野原の下に、入り口はせまいけれど、大きな穴があるよ」と、ネズミが教えてくれたというのです。

「ふぁさっと」は何の音？

「こおろこおろ」「ほらほら」「すぶすぶ」は古い擬音語《ぎおんご》・擬態語《ぎたいご》です。では、新しい擬音語・擬態語もあるのでしょうか。

もちろん、あります。まんがを読んでいると、「ズザァ」（すべりこむ音）、「ガゴォッ」（頭がぶつかる音）、「ぎゅむっ」（口に食べ物をおしこむ様子）、「パァァァ」（顔が赤くなる様子）など、たくさん出てきます。

世の中の多くの人が使っていることばの中にも、新しい擬音語・擬態語があります。

サイズの小さいズボンを無理にはくと、ふとももの部分などがきつくて、ちょっと動くと破れそうになることがあります。そんなとき、「ズボンがぱつぱつだ」と言います。昔は「ぱつぱつ」という言い方はありませんでした。21世紀になるころから広まったことばです。

もっと新しいのは「ふわとろ」です。オムレツやプリンなどが、ふわふわと軽く、しかも、とろけるようにやわらかい様子を表します。私が初めて「ふわとろ」ということばを見たの

は、2008年のことでした。あなたはもう生まれていたでしょうか。

「ふぁさっと」という変わった響《ひび》きのことばもあります。最近、よく聞くようになりました。長いかみの毛、シーツなどが、やわらかく広がる様子を表します。「かみの毛が、ふぁさっと肩《かた》にかかる」などと使います。

日本語で「ふぁ」のつくことばは、ほとんどありません。「ふぁさっと」は、音の響きも新しいことばです。

名字と名前を略した呼び名

あだ名がつきやすい人と、つきにくい人がいます。私は小学生のころから名字だけで呼ばれることが多く、決まったあだ名はありませんでした。ちょっと残念な気もします。

あだ名にも２種類あります。ひとつは、その人の特徴《とくちょう》をとらえてつける呼び名。たとえば、夏目漱石《なつめそうせき》の小説「坊《ぼ》っちゃん」に出てくる校長先生は「たぬき」、教頭先生は「赤シャツ」です。こういうあだ名は、本人にとって、あまりうれしいものではありません。

もうひとつは、親しみをこめた、呼びやすくするための名前。「愛称《あいしょう》」とも言います。たとえば、「のりこ」という人を「のんちゃん」と呼ぶのがそうです。

元ＳＭＡＰの木村拓哉《きむらたくや》さんは「キムタク」と呼ばれます。こんなふうに、名字と名前を略した呼び名も、昔から多くあります。

昭和時代、みんなから「エノケン」と呼ばれた有名な喜劇俳優がいました。本名は榎本健一《えのもとけんいち》です。この「エノケン」も、名字と名前を略した呼び名です。

姓《せい》はポテト
名《な》はサラダ
人《ひと》よんで
ポテサラ
ともうします

江戸時代には、中村富十《なかむらとみじゅう》郎《ろう》という歌舞伎俳優《かぶきはいゆう》がいました。この人も名字と名前を略して呼ばれました。何と呼ばれたか、もう分かりますね。そう、「中富《なかとみ》」です。

百人一首にも入っている歌人、曽祢好忠《そねのよしただ》は、丹後掾《たんごのじょう》という役目を持っていたので、人に「曽丹後」、略して「曽丹《そたん》」と呼ばれました。「キムタク」や「エノケン」と少し似ています。人気の歌人だったのでしょう。

身近なことばは4音になる

テクノポップグループのPerfume（パフューム）のメンバー、樫野有香《かしのゆか》さんは、「かしゆか」という愛称《あいしょう》で呼ばれます。元の名前が「かしのゆか」、それを略して「かしゆか」としても、1文字しか減りません。あまり略す意味がないような気もしますね。

でも、この愛称には意味があるんです。

愛称をつける理由のひとつに、親しみをこめる、ということがあります。「ゆきこ」さんは「ゆっこ」と呼ばれることがあります。1文字も減っていませんが、「き」を「っ」に変えると、親しい気持ちがこもります。「かしゆか」も、元の名前を少し変えて、親しみを表しています。

もうひとつの理由として、日本語は、4文字にすると言いやすくなるのです。正確には、文字でなく発音です。

運動会では、「がんばって、がんばって」より「がんばれ、がんばれ」のほうが応援しやすいでしょう。「がんばれ」は四つの音になっているからです。「かしゆか」も、これと同じです。

４音からできたことばは、「学校」「生活」「勉強」（「強」は「きょ・う」で２音です）など、いくらでもあります。私たちにとって、いちばん身近な形です。

外国のことばも、日本語では４音になるものが多くあります。「コンビニ」「ファミレス」「パソコン」などは、日本語で省略されて４音になったものです。

使われるほど短くなることば

ことばは、よく使われるものほど短くなる性質があります。目、耳、手、足、花、木、道、町、ぼく、わたし……など、毎日使うことばは、1音、2音から、せいぜい4音ぐらいまでのことばが大部分です。

「コンビニ」「ファミレス」は、どれも4音ですが、初めはもっと長く言っていました。何と言っていたか、分かりますか。

正解は「コンビニエンスストア」「ファミリーレストラン」です。長いですね。テレビのニュースでは、今もこう言っています。

昔は、コンビニもファミレスも、店の数が少なく、それほど身近ではありませんでした。たまにしか話題にしなかったので、長いことばでもよかったのです。でも、毎日のようにその店に行くようになると、長いことばでは不便です。そこで略語が生まれました。

あなたの家にはパソコンがあるでしょう。暑い季節や寒い季節にはエアコンを使いますね。テレビの前にはリモコンがあります。おしゃれのためにカラコンをつける大人もいます。これらの「○○コン」も、しょっちゅう使われることばが略語になった例です。

もとのことばは、それぞれ、「パーソナルコンピューター」「エアコンディショナー」「リモートコントロール」「カラーコンタクトレンズ」です。略すと、どれも同じく「○○コン」になってしまいますが、もとは別々のことばでした。略語は、もとのことばを分かりにくくしてしまう欠点もあります。

音の数が一番多いことばは？

しりとりをするとき、「〇文字以上のことばでやろう」などと決めることがあります。たとえば、5文字以上のしりとりとなると、むずかしいですね。「リサイクル→ルーレット→とうもろこし→四角形→……」さあ、「い」です。どんなことばがあるだろう。

「一流」なら、5文字になるのでいいのですが、「りゅ」はこれだけでひとつの音なので、ちょっともの足りない気がします。音が五つ以上のことばにしましょう。「石頭」「いため物」「いわし雲」なら5音です。思いつくまでに、けっこう苦労しますね。

6音、7音のしりとりは、もっとむずかしくなります。大人でも困るでしょう。

ところで、日本語の中で、音の数が一番多いことばは何でしょうか。そして、それは何音あるのでしょうか。

ある国語辞典で調べると、一番長いことばは「郵便貯金簡易生命保険管理・郵便局ネットワーク支援機構」という独立行政法人でした。全部で38音です（「ちょ」などは1音）。

植物の名前で一番長いのは、「リュウグウノオトヒメノモトユイノキリハズシ」で、20音です。これは「アマモ」という海草の別名です。漢字で書くと「竜宮《りゅうぐう》の乙姫《おとひめ》の元結《もとゆい》の切り外し」となります。

国の名前で一番長いのは何でしょう。「グレートブリテンおよび北アイルランド連合王国」で、なんと27音。じつは、これはイギリスの正式な名前なんです。

「寿限無」のふだんの呼び名

落語の「寿限無《じゅげむ》」を知っていますか。生まれた赤ちゃんに、親がずいぶん長い名前をつけてしまい、みんながその子を呼ぶのに時間がかかってしまう、という話です。

その名前は「寿限無寿限無、五劫《ごこう》のすりきれず、海砂利水魚《かいじゃりすいぎょ》の水行末《すいぎょうまつ》……」と続き、最後は「……長久命《ちょうきゅうめい》の長助《ちょうすけ》」で終わります（落語家によって、少しことばが変わります）。

この子にぶたれて、友だちがこぶを作ります。ところが、この子の名前を言っているうちに、こぶは引っこんでしまいます。

もし、実際にこんなに長い名前の人がいたら、不便でしかたありません。でも、名前の長い人は昔からけっこういるようです。

ピカソという偉大《いだい》な画家がいます。この人も、本当の名前はすごく長いのです。「パブロ・ディエゴ・ホセ・フランシスコ……」と続き、「……ルイス・イ・ピカソ」で終わります。そのまま呼ぶと時間がかかりすぎるので、ふつうは、最初と最後を取って「パブロ・ピカソ」と言っ

わたしの名前《なまえ》は、パブロ・ディエゴ・ホセ・フランシスコ・デ・パウラ・ファン・ネポムセノ・マリア・デ・ロス・レメディオス・クリスピン・クリスピニァーノ・デ・ラ・サンテシマ・トリニダッド・ルイス・イ・ピカソです。
ながいにゃ〜
※ピカソの名前《なまえ》にはいろいろな説《せつ》あり

ています。

昔の人で、長い名前で有名だったのは、法性寺《ほっしょうじ》入道《にゅうどう》前関《さきのかん》白《ぱく》太政大臣《だじょうだいじん》という人です。百人一首にも選ばれています。この人も、ふだんは「法性寺殿《どの》」などと短く呼ばれました。本名は藤原忠通《ふじわらのただみち》という短い名前です。

そう考えると、あの「寿限無寿限無……」という子どもも、ふだんは「寿限無ちゃん」「長助ちゃん」などと呼ばれていたのでしょう。これでは落語になりませんけどね。

「る」のつくことば知ってる？

ひまな時などに、友だちや家族の人と「しりとり」をして遊ぶことがあるでしょう。あなたは、しりとりが得意ですか。

しりとりは、本気でやると、頭をすごく使うゲームです。勝つためには、ことばをたくさん知っていなければならないし、相手を困らせる戦術も考えなければなりません。

しりとりでは、「猿《さる》」「サークル」「サンダル」のように「る」で終わることばを言うと、相手は困るはずです。日本語では、「る」のつくことばがとても少ないのです。

ぱっと思いつくことばとして、「(カレーを作るときに入れる)ルー」や、「ルーレット」「るす」「ルビー」などがあります。でも、このほかに、だれもが知っていることばは、あまりないかもしれません。

少し難しいことばとして、「ルーキー」(新人選手)、「ルージュ」(口紅《くちべに》)、「ルート」(道筋《みちすじ》)、「ルッコラ」(野菜の名)、「ルバーブ」(これも野菜)、「るり色」(あざやかな紺《こん》色)などもあります。

しりとり

自分が「る」を言われたときのために、覚えておくといいでしょう。

ある国語辞典を調べてみると、一番少ないのは「る」や「ぺ」がつくことばでした。ただ、「ぺ」は「ページ」「ペダル」「ペット」など身の回りのことばが多いので、しりとりで言われても、それほど困りません。

そのほか、「ず」「ぬ」のつくことばも少数です。どんなことばがあるか、思い浮かべてみてください。

「し」のつくことばが多いわけ

ある国語辞典の中で一番少ないのは、頭に「る」や「ぺ」がつくことばでした。では、一番多いのは、何という文字がつくことばでしょうか。それは「し」です。

「し」がつくことばを思いつくのは簡単です。花なら白菊《しらぎく》、シクラメン。鳥ならシギにシジュウカラ。けものは獅子《しし》に、鹿に柴犬《しばいぬ》。いくらでもありますね。

7万語以上入っている国語辞典で、「る」「ぺ」がつくことばは百ちょっとしかありません。一方、「し」がつくことばは、なんと5000を超《こ》えます。とても大きな差です。

国語辞典では、「しゃ」「しゅ」「しょ」も「し」がつくことばに入れています。そのために多くなっている、という理由もあるのですが、もともと、「し」だけでも多いのです。

「し」のつくことばの多くは、中国から入ってきた漢字を音読みしたことばです。たとえば、「思」「使」「志」などがそうです。

これらの漢字は、昔の中国では、どれも、「し」に似ているけれど、それぞれちがった音

中国《ちゅうごく》からきたもの
漢字《かんじ》
これ全部《ぜんぶ》、中国《ちゅうごく》では発音《はつおん》がちがったらしい！
お茶《ちゃ》
パンダ
歯
子
志
市
始
思
仕
使

でした。でも、昔の日本人は、そのちがいをうまく区別できませんでした。それで、「し」に似た音は、みんな同じく「し」で発音するようになりました。

日本語で「し」のつくことばが多くなったのは、こういうわけです。日本人は、英語の発音も苦手ですが、昔の中国語の発音をまねするのも苦手でした。細かいちがいを無視して、いっしょにしてしまったのです。

「し」を使わずに話せるか

日本語には、頭に「し」がつくことばが多いのですが、ことばの途《と》中《ちゅう》や最後にも、「し」がよく出てきます。「しました」「あした」「わたし」などがそうです。「し」を使わずに話してください、と言われたら、だれでも困ってしまうでしょう。

落語に「しの字ぎらい」という演目があります。生意気な使用人をこらしめてやろうと思った主人が、これから「『し』を使わないで話そう」と、使用人に提案します。

『し』のつくことばには『死ぬ』『しくじる』などえんぎが悪いものが多い。だから、『し』を使ってはいけない。もしお前が先に『し』を使ったら、この店を出て行きなさい。私が先に使ったら、好きなものをやろう」

さあ、大変なことになりました。

「し」を使わない会話は、本当に難しいものです。二人は、「足」の代わりに「あんよ」と言ったり、「どうかしたか」の代わりに「どうかなったか」と言ったりします。

使用人は、なかなか「し」を使いませんでした。主人はうっかり「しぶといやつだ」と言って、勝負に負けてしまいます。

「し」を使わずに、はたして話せるか。友だちと勝負してみたら面白いでしょう。

私は最近、『毎日小学生新聞』編集部の人と、「し」を使わずにメールをやり取りしてみました。「どうぞお許しください」の代わりに「どうぞごめんください」と書いたりして、少し変になってしまいました。

一番よく使われる音は「い」

ことばの頭につく音で一番多いのは「し」です。では、ことばの途中《とちゅう》や最後も全部ふくめて、日本語で一番多く使われているのはどんな音でしょうか。

ある人が、ひとりの作家の文章十数ページ分を対象に、どの音が多く使われているか調べました。1位は「い」。以下、「お」「の」「ん」「か」と続きます。

たしかに、「い」は多く使われます。私のここまでの文章でも、「一番」「多い」「最後」「いる」「対象」「1位」「以下」など、「い」をふくむことばがたくさん出てきました。

もし「い」を禁止されたら、「読んでいる」「食べている」などの「〜ている」の表現ができません。また、「赤い」「美しい」など、様子を表すことば（形容詞）も使えません。「書いた」「泳いだ」も無理ですね。もう何も言えなくなってしまいます。

もし、「い」を使わずに歌を作るとしたら、どうなるでしょう。

「赤い靴《くつ》　はいてた　女の子／異人《いじん》さんに　つれられて　行っちゃった」

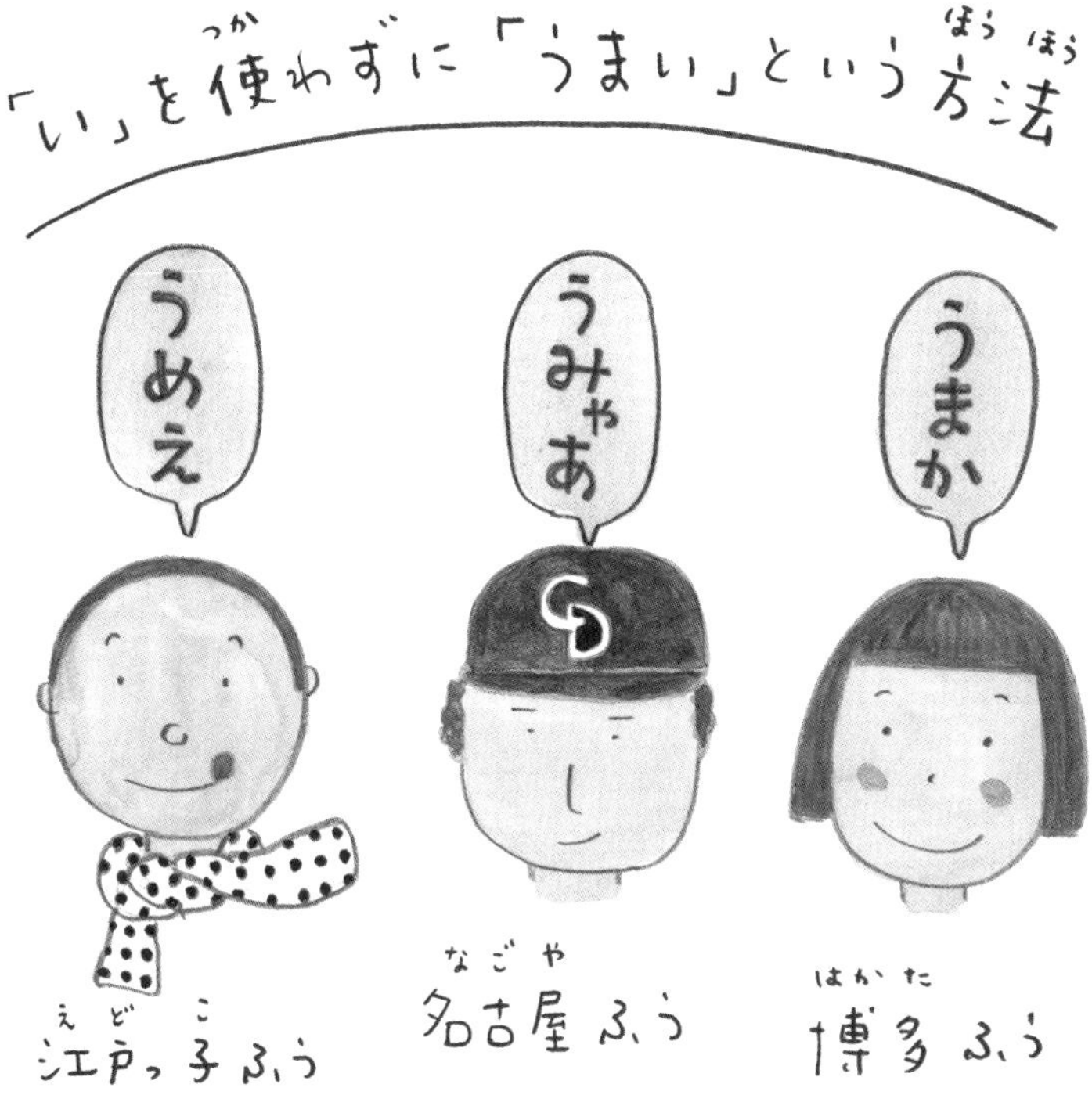
「い」を使《つか》わずに「うまい」という方法《ほうほう》
うめえ
うみゃあ
うまか
江戸《えど》っ子《こ》ふう
名古屋《なごや》ふう
博多《はかた》ふう

野口雨情《のぐちうじょう》作詞の童謡《どうよう》「赤い靴」です。「い」を使わないと、次のように変わります。

「真っ赤な靴が　にあって
た　女の子／どこかの国
のおじさんに　つれられて
……」

あれ、「行っちゃった」はどう言えばいいでしょうか。「去っていった」「はなれていった」も「い」がついてしまいます。

さあ、困った。ほかにうまい言い方があるかどうか、考えてみてください。

第2章

◆漢字と仮名と◆

一番難しい漢字は何か

「あなたにとって、一番難しい漢字は何か」と聞かれたら、どう答えますか。

北杜《きたもり》夫《お》の「楡《にれ》家《け》の人びと」という小説では、周二という男の子が、家に居《い》候《そうろう》している学生から「一番難しい字」を教えてもらう場面があります。ただし、その学生にとって一番難しい、という意味です。

その漢字は「壽」。「ことぶき」と読みます。これは昔の字で、今では「寿」と書きます。今の字のほうなら、見たことがあるかもしれませんね。でも、日ごろから注意していると、古い「壽」の字も、お祝いの時のふくろなどに使われていることがあります。

周二はまだ小学校へ上がる前の子どもでした。仮名も習っていません。それでも、夢中になって「壽」を練習し、とうとう書けるようになりました。すごいですね。周りの大人たちがほめたのは、もちろんです。

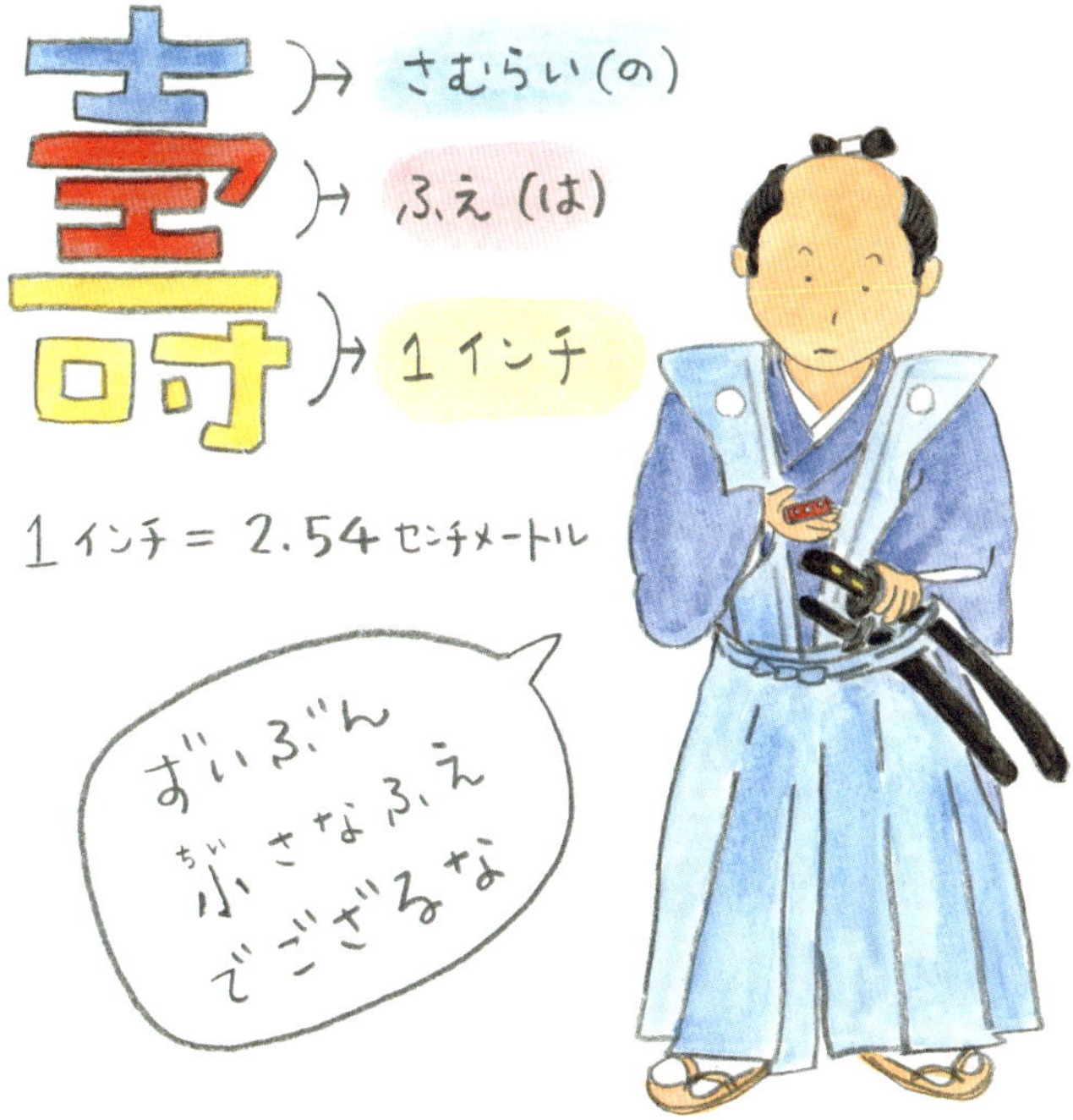
壽
さむらい(の)
ふえ(は)
1インチ
1インチ＝2.54センチメートル
ずいぶん
小《ちい》さなふえ
でござるな

この「壽」には覚え方があります。「さむらいのふえは、一インチ」というのです。

どういうことでしょうか。この字は「士・フ・エ・一・口・寸」と分解できます。「士」は「武士」の「士」なので「さむらい」です。また、「口・寸」をあわせて「インチ」と読みます。インチは長さの単位で、漢字で「吋」とも書くからです。

今では、おそらく大学生でも書けない漢字です。覚えておいて、大人や、年上のきょうだいの前ですらすら書いてみせると、びっくりされるかもしれません。

難しいけどイラストみたい

「壽《ことぶき》」という難しい漢字の話をしました。私にも、自分にとっての「一番難しい漢字」があります。なかなか覚えられなくて、何度も練習したその字は「龜」。これもやはり古い字で、今では「亀」と書きます。そう、「かめ」です。

この「龜」という字の形は、じつは動物のカメの姿が元になっています。

頭は上側に書かれています。それから、足は左側にあります。「ヨ」「ヨ」と並んでいる部分が、前足と後ろ足です。

カメの「こうら」もついています。右側に、「□」の中に「メ」を書いたような部分がありますね。これがこうらです。

しっぽは下側。ひらがなの「し」のように右側にはねている部分がそれです。

こう見てくると、カメの姿を、一部分一部分、くわしくえがいていることが分かります。こんなイラストのような漢字があるんだなあ、と面白くて、少年のころの私は、「龜」を何度も

書いていました。
考えてみれば、「龜」だけでなく、イラストのような漢字はたくさんあります。たとえば「象」。やはり、上の部分が頭で、「ク」の部分が、長い鼻と、きばを表しています。足は左側に並び、しっぽは右側です。
「龜」も「象」も、目をかければ動き出しそうなくらいリアルです。ただ、難しさで言えば「龜」の勝ちです。書き順も難しいけど、ためしに覚えてみませんか。

私の気になる「彝」の漢字

「飯間先生にも、読めない漢字はありますか」。ときどき、そんな質問を受けます。

読めない漢字？　もちろん、ありますとも(えっへん)。なにしろ、漢字は5万字以上あります。そのうち、私たちがふだん目にするのは二、三千字ぐらい。見たこともない漢字のほうがずっと多いんです。

東京の新宿を紹介《しょうかい》する動画を見ていたら、ある建物が映り、はっとしました。そこに、読めない漢字が書かれていたからです。

「中村彝アトリエ記念館」

人の名前のようです。「中村」はもちろん読めますが、その次の「彝」が読めません。

「アトリエ記念館」とあるからには、絵をかく人のようですね。アトリエとは、絵や彫刻《ちょうこく》を制作するのに使う仕事部屋のことです。

あとで分かりましたが、この人は大正時代に活躍《かつやく》した洋画家です。光のえがき方の美しい風

中《なか》村《むら》なんとか画《が》伯《はく》
1887～1924

景画や、自画像などを残しています。

　それにしても、難しい漢字です。まず、「相互《そうご》」の「互」（中学で習います）という漢字の「一」がない形を書いて、次に「米」「糸」を書きます。最後にカタカナの「サ」のような形（「にじゅうあし」などと言います）を書いてできあがりです。

「一のない互、米、糸、サ」と覚えれば、漢字は書けます。でも、読み方は？

　私は、彼《かれ》の名前の読み方を知るため、実際にこのアトリエ記念館に行くことにしました。次回は、そのことをお話しします。

「中村彝」の漢字を覚えた！

洋画家の「中村彝」の名前を、私は読めませんでした。そこで今回、「中村彝アトリエ記念館」に行ってみることにしました。

気持ちよく晴れた日。私は、イラスト担当の金井真紀さんと、編集部の人といっしょに、新宿・下落合にある記念館に向かいました。

周辺には、いろいろな案内板があります。

「中村彝《つね》アトリエ記念館　←ここ左折」

おや、ちゃんと読みがながふってあります。これで、彼《かれ》の名前が分かりました。「なかむらつね」さんだったんですね。

記念館は、赤いかわら屋根の、かわいい小さな木造の家でした。

展示室には漢和辞典が置いてありました。訪問者のだれもが「彝」の読み方を質問するので、辞書を用意したのだそうです。

漢和辞典によると、「彝」の音読みは「イ」。「つね」は訓読みです。「つね」とは、人の守るべき道のこと。昔の人にとっては、親しみのある漢字だったかもしれません。

私たちは、中村彝の使っていた当時と同じように復元されたアトリエの中で、彼の愛用した家具や、えがいていた絵（複製）を見ました。大正時代に時間旅行したような、ふしぎな気持ちになりました。

記念館を出た時、みんなで「彝」の字を書いてみました。もちろん、正しく書くことができました。あまりに何度も「彝」の字を見たので、すっかり覚えてしまったんです。記念館を訪れたかいがありました。

「苺ちゃん」は何歳かな？

洋画家の「中村《なかむら》彝《つね》」のように、昔は、難しい漢字の名前の人が多くいました。たとえば、戦前の総理大臣に「平沼《ひらぬま》騏《き》一郎《いちろう》」という人がいました。この「騏」も難しいですね。あなたのクラスに、「騏」のつく名前の人はいないはずです。

ところが、戦争が終わって間もない１９４８年、「名前に難しい漢字を使わない」という決まりができました。赤ちゃんの名前に使っていい漢字が、急に少なくなりました。

あなたのおじいさん、おばあさんが生まれたころかもしれません。当時生まれた人は、名前の漢字がわりとかんたんです。

私の名前は「浩明《ひろあき》」です。もし、私がそのころに生まれていたら、別の名前になっていたでしょう。「浩」という字は少しだけ難しいので、名前には使えなかったのです。

これでは不自由です。その後、名前に使える漢字が少しずつ増えました。私が生まれた１９６７年には、「浩」の字はもう使えるようになっていました。ああ、よかった。

名前に使える漢字がぐっと増えたのは２００４年のことです。「苺《いちご》」や「雫《しずく》」といった、難しいけれど、かわいらしい漢字が、たくさん使えるようになりました。

あなたの知り合いに「苺ちゃん」「雫ちゃん」はいますか。もしいたら、04年よりもあとに生まれた人です。名前の漢字を見ると、その人が何歳ぐらいか、だいたい分かることがあるのです。

わたしたち、2004年《ねん》以降《いこう》に生まれました!
林檎《りんご》ちゃん
苺《いちご》ちゃん
葡萄《ぶどう》ちゃん

ユニークな名前は昔もあった

赤ちゃんの名前に使っていい漢字は、最近、少しずつ増えてきています。それもあって、「今までにないユニーク（個性的）な名前が増えてきた」と言われます。

21世紀になったころ、私は、雑誌で「こんな新しい名前がある」という記事を読みました。「笑瑚《にこ》」ちゃん、「未来颯《みきや》」くんといった、それまであまり目にしなかった子どもの名前が、たくさん紹介《しょうかい》されていました。

たしかに、私も、ふりがながなければ読めません。「瑚《こ》」「颯《さつ》」など、難しい漢字を使っています。「笑」「颯」の字を「に」「や」と読むのも、めずらしい読み方です。

当時から、「そのうち読めない名前ばかりになるよ」と言う人がいました。本当に、今ではそのとおりになったな、という気がします。私が大学で教える学生も、読めない名前の人は多いですよ。

でも、昔も、ユニークな名前はありました。明治時代の有名な小説家に森鷗外《もりおうがい》という人がい

ます。彼《かれ》は、自分の子どもたちに、ヨーロッパふうの名前をつけました。

年が上から順に「於菟《おと》・茉《ま》莉《り》・不律《ふりつ》・杏奴《あんぬ》・類《るい》」と言います。それぞれ「オットー・マリー・フリッツ・アンヌ・ルイ」という西洋の名前にちなんでいます。

ユニークな名前は読みにくいですが、人に覚えてもらいやすい長所もあります。そのせいか、鷗外の子どもたちは、医者や作家など、有名になった人が多いのです。

「キャ別」って何のこと？

八百屋さんの店先の値札を注意深く見ると、「キャ別」と書かれている場合があります。そう、「キャベツ」のことです。

「キャベツ」は英語です。「別」という漢字を使う必要はないはずですね。とすると、八百屋さんがまちがったのでしょうか。

たしかに、まちがいとも言えます。でも、「キャ別」と書く八百屋さんは、けっこう多いのです。こうなると、「キャ別」は、八百屋さんで使われている「当て字」と言ってもいいかもしれません。

まちがった漢字と、当て字とは、どうちがうのでしょうか。はっきりした区別はありません。少数の人が使う漢字は「まちがい」（誤字）と言われます。でも、それが、わざと使われたり、多くの人に広まったりすれば、「当て字」と言われます。どっちにしても、学校のテストでは×なのですが。

ある人が「あした」を漢字で「未来」と書きました。「未来」は「みらい」と読むはず。こ

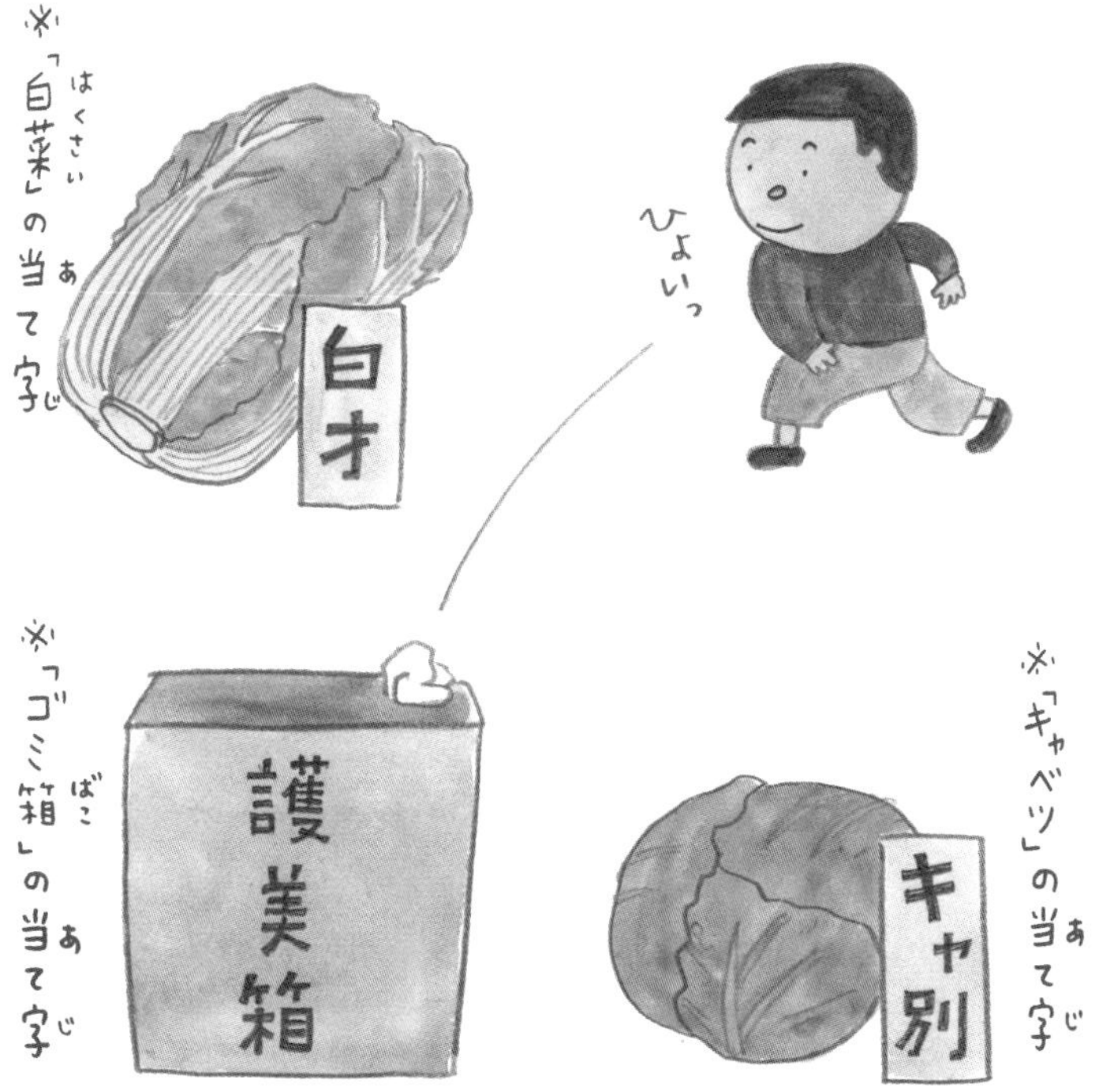
※「白菜《はくさい》」の当《あ》て字《じ》
白才
ひょいっ
※「ゴミ箱《ばこ》」の当《あ》て字《じ》
護美箱
※「キャベツ」の当《あ》て字《じ》
キャ別

れはわざと書いた「当て字」です。

インターネットで歌詞を検《けん》索《さく》すると、「あした」に「未来」という漢字を使っている歌が何百曲もあります。「あした」を「未来」と書くのは、有名な当て字です。

こんなことを言うと、テストで「あした」を「未来」と書いてしまいそうになりますね。それは困ります。これから、テストで書く心配のない、でも面白い当て字を、いくつか紹介《しょうかい》しましょう。

クラブは「ともに楽しむ部」？

小学校にはいろいろなクラブ活動があります。この「クラブ」とは、みんなでいっしょに楽しみながら、趣味《しゅみ》やスポーツ、勉強などの活動をする集まりです。

「クラブ」は英語から来たことばですが、昔は漢字で「倶楽部」とも書きました。英語に漢字はないので、もちろん当て字です。

しかも、ただの当て字ではありません。「倶楽部」は「倶《とも》に楽しむ部」と読むことができます。「倶に」は「いっしょに」ということ。全体で「みんなでいっしょに楽しむ部」という意味を表しています。

うまいですね。英語の意味に合うように、漢字を選んで当てたのです。

昔は、こういうクイズのような当て字がよくありました。

「型録」と書いて何と読むか、分かりますか。いろいろな商品の写真をのせたパンフレットや本があるでしょう。あれのことです。

そう、「カタログ」。これも、もとは英語ですが、わざわざ漢字を当てています。

洋服のカタログを見ると、いろいろな型《かた》（スタイル）の服を収録して（のせて）います。型を収録しているので「型録《カタログ》」というわけです。これも意味を表す当て字です。

カタカナのことばに意味を表す漢字を当てると、覚えやすくなります。身の回りのカタカナ語に、漢字で当て字をしてみてください。たとえば、「ゲーム」は、あなたならどう書くでしょうか。

「ぼくは今比有多倶楽部にはいってるんだ」
「…あっ、わかった！コンピュータクラブ!!」
当《あ》て字《じ》を考《かんが》えてみました。

アメリカが「米国」のわけ

パンを食べても「米国《べいこく》」、お米を食べても「ジャパン」なのはおかしい、というじょうだんがあります。「ジャパン」は「日本」の発音が外国で変化したものです。では、アメリカを「米《べい》」と言うのはなぜでしょう。

「米」は当て字から来ています。日本では、江戸《えど》時代から、アメリカを漢字で「亜米利加」と書いていました。それを略して「米」と呼ぶんですね。

「亜米利加」を略したのなら、「亜国」になるはずです。でも、「亜国」だと、ほかの地名とまぎれてしまいます。

たとえば、昔はアジアを「亜細亜」、アラビア（今のサウジアラビア）を「亜刺比亜」と書きました。アメリカを「米」と書くことで、これらの地名と区別したのです。

アメリカはまた、昔の日本で「メリケン」とも呼ばれました。これは「アメリカン」（「アメリカの」の意味）から来ています。英語では、「アメリカン」の「ア」が弱く発音されるので、「メ

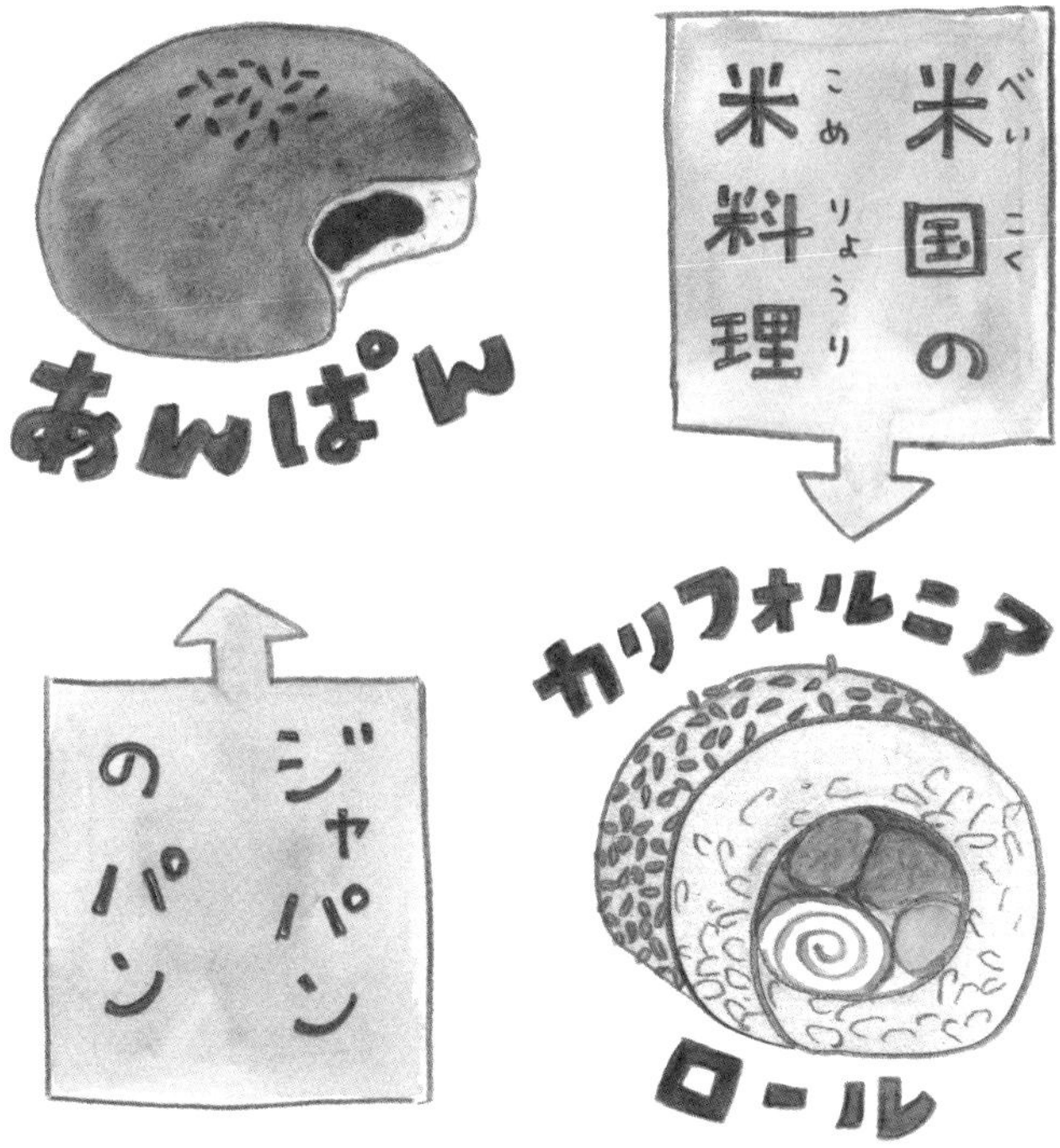

リケン」に聞こえました。
　メリケンは漢字で「米利堅」とも書きました。こうなると、ますます「米国」と書くのが自然になります。
　アメリカ以外の国も、漢字で略して書くことがあります。イギリスは「英国《えいこく》」、ドイツは「独国《どっこく》」、フランスは「仏国《ふっこく》」です。昔は「英吉利《イギリス》」「独逸《ドイツ》」「仏蘭西《フランス》」と書き、それを略したのです。漢字に意味はなく、仏国と言っても仏《ほとけ》の国ではありません。

中国語で国名を書くとどうなる？

「亜米利加《アメリカ》」「英吉利《イギリス》」「独逸《ドイツ》」「仏蘭西《フランス》」など、昔は、国の名前に漢字を当てて書きました。これは、もともと、中国の書き方をまねたものです。

中国語での国名の書き方は、日本語と少しちがいます。アメリカは「美利堅」、ドイツは「徳意志」、そしてフランスは「法蘭西」です。そんなわけで、中国ではアメリカをふつう「米国《べいこく》」でなく「美国《メイグオ》」と呼びます。

日本語と中国語で同じように書く国名も、もちろん、たくさんあります。インドは「印度」、スペインは「西班牙」、ルーマニアは「羅馬尼亜」です。日本語が中国語を取り入れたので、当たり前なんですけどね。

では、ここでクイズを出します。「阿爾巴尼亜」は何と読むでしょうか？　中国語で、ある国の名前を漢字で書いたものです。

このクイズは、中国語で国名を書くとき、よく使う漢字を知っていれば分かります。

中国の外務省のホームページで、国名の一覧を見てみましょう。どんな漢字が多く使われているのでしょうか。

一番は「亜《ア》」という字で、「肯《ケ》尼《ニ》亜《ア》」など38回出てきました。そのほか、「斯《ス》・尼《ニ》・巴《バ》・爾《ル》・利《リ》……」なども15回以上使われていました（ここでつけたフリガナは、国名を日本語でカタカナにしたときの発音です）。

これで、「阿爾巴尼亜」も読めるはずです。「阿」は「ア」です。その後は分かりますね。そう、正解は「アルバニア」です。

五十音はどうやってできたの？

「アイウエオ、カキクケコ……」で始まる五十音。子どもでも知っている、日本語の初歩です。でも、五十音がいつごろ、どうやってできたかは、よく分かっていません。

日本語の文字の中には、発音のしかたが似ているグループがあります。たとえば、「カ・キ・ク・ケ・コ」は、のどの近くで音を出すし、「サ・シ・ス・セ・ソ」は歯ぐきに近いところで音を出します。

これに気づいたのは、昔のお坊《ぼう》さんたちだろうと言われています。彼《かれ》らが「音の出し方が似ている文字をまとめて、並べてみよう」と考えて、最初の五十音を作ったのでしょう。今から1000年以上前のことです。

今残っている一番古い五十音は、「キコカケク、シソサセス、チトタテツ、イヨヤエユ……」のようになっています。今とは順番がちがいます。昔は、これ以外にも、いろんな順番の五十音があったのです。

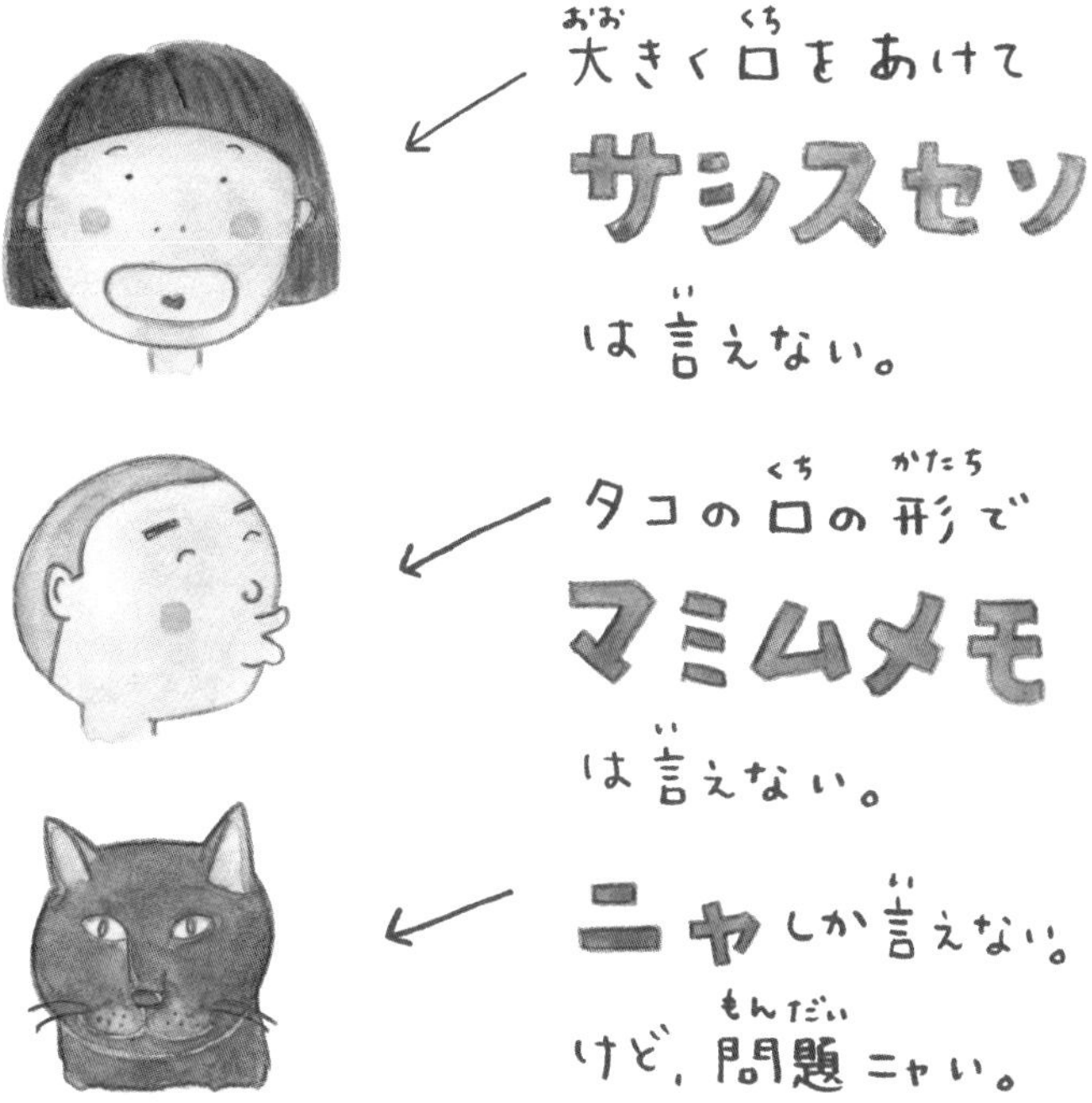

そのうち、五十音の順番を決めようと考える人が出てきました。サンスクリットという古代インドのことばを勉強した昔の学者たちです。彼らは、サンスクリットの文字の表を参考に、日本語の文字を並べました。これが、今の五十音の元になっています。

サンスクリットの表と、五十音の表を比べてみると、順番がおどろくほど似ています。これは偶然《ぐうぜん》ではありません。日本語の五十音の表が、サンスクリットの表をまねて作られているからなのです。

「いろはにほへと」言えるかな

いろはにほへと　ちりぬるを　わかよたれそ　つねならむ　うゐ《イ》のおくやま　けふこえて
あさきゆめみし　ゑ《エ》ひもせす

これは「いろは歌」です。あなたは最後まで言えますか。

いろは歌は約１０００年前、平安時代にできました。全部の仮名《かな》を１回ずつ使って作った歌です。なんだか呪文《じゅもん》のようですが、実は昔のことばで書いてあります。歌としての読み方と意味を書いておきましょう。

読み方……色《いろ》は《ワ》におえど、散《ち》りぬるを、わが世《よ》たれぞ、常《つね》ならん。有為《うい》の奥山《おくやま》、今日越《きょうこ》えて、浅《あさ》き夢見《ゆめみ》し、酔《え》いもせず。

意味……色がきれいな花も、いつかは散ってしまう。この世に住む私たちの命も限られている。はかない世の中の山を今日越えて、浅い夢を見たよ、酔うこともなく。

現代語に直しても分かりにくいかもしれません。仮名を１回ずつしか使えないので、もともと、日本語としてちょっと不自然になっているんですね。

　さびしい感じの歌です。五十音と同じく、作者はお坊《ぼう》さんだろうと言われています。たしかに、仏教的なふんいきです。

　この歌には「ゐ」「ゑ」という文字が出てきます。これは昔の仮名で、「イ」「エ」と読みます。昔は「ウィ」「ウェ」と発音しましたが、長い年月の間に「い」「え」と同発音になりました。現在では「い」「え」だけを使い、「ゐ」「ゑ」は使わないことになっています。

新しい「いろは」を作ってみる

「いろは歌」は、仮名《かな》を1回ずつ使って作った歌ですが、ことばが古く、難しいのが残念です。それで、同じ方法で、新しい文句を作ってみようとする人が多くなりました。

全部の文字を使って作る短い文句のことを「パングラム」ということがあります。いろは歌もパングラムのひとつです。

明治時代、ある新聞が、ひらがな48文字（「ゐ《ィ》」「ゑ《ェ》」「ん」をふくむ）を使ったパングラムを募集《ぼしゅう》しました。1位は、埼玉《さいたま》県の小学校の坂本百次郎《さかもとひゃくじろう》先生の作品でした。

「鳥鳴《とりな》く声《こゑ》す　夢覚《ゆめさ》ませ　見《み》よ明《あ》けわたる　東《ひんがし》を　空色映《そらいろは》えて　沖《おき》つ辺《へ》に　帆船《ほぶね》群《む》れゐ《ィ》ぬ
靄《もや》のうち」

朝の美しい海辺の様子をえがいた、すばらしい歌です。いろは歌もすばらしいけれど、意味の通りやすさでは、この歌（「とりな歌」といいます）のほうが上でしょう。

ひらがなでパングラムを作るには、まず、仮名を1文字ずつ書いた48枚のカードを用意します。それをいろいろに並べかえながら、意味の通ることばを作っていきます。

私も、ひとつ作ってみました。

「田舎《ゐなか》の里《さと》に　落《お》つる雨《あめ》　細《ほそ》くて白《しろ》い　線《せん》を引《ひ》き　わら屋《や》根《ね》けむり　もう映《は》えぬ　誰《たれ》ゆゑ《エ》町《まち》へ　よこす文《ふみ》」

いなかに降る雨の様子をえがいてみましたが、ちょっと意味不明かな。ただ、濁点《だくてん》を使わないようにしたのが、私のくふうです。あなたも、挑《ちょう》戦《せん》してみてください。

この2文字《もじ》はどうやって使《つか》うの？
※ゐは「い」、ゑは「え」として使《つか》ってみましょう
ゐ
ゑ
と
こ
よ
も
ほ
ん
き

「いろは」よりも古い「あめつち」

「五十音」も「いろは」も古くからある仮名《かな》の並べ方です。では、それよりももっと古い並べ方はなかったのでしょうか。

実は、あります。現在残っているうちで、最も古い仮名の並べ方は「あめつち」というものです。「いろは」と同じように、全部の仮名を1回ずつ使って作った文句です。ただ、「いろは」とちがうのは、ものの名前を並べているということです。

「あめ　つち　ほし　そら　やま　かは　みね　たに　くも　きり　むろ　こけ　ひと　いぬ　うへ　すゑ《エ》　ゆわさるおふせよえのえをなれゐ《イ》て」

これが全文です。読み方と意味は「天《あめ》・地《つち》・星《ほし》・空《そら》・山《やま》・川《かわ》・峰《みね》・谷《たに》・雲《くも》・霧《きり》・室《むろ》・苔《こけ》・人《ひと》・犬《いぬ》・上《うえ》・末《すえ》……」となります。でも、最後のほうは意味不明です。おそらく、2文字のことばを作っていった結果、文字が足りなくなって、ごまかしたのでしょう。

あまり上出来《じょうでき》ではありませんね。でも、この文句ができたころは、日本語の発音が全部でいくつあるか、多くの人は知らなかったので、発音のちがう文字を全部集めただけでもすごかった、というのが私の考えです。

よく見ると、「……えのえ……」と「え」が2回出てきます。これは、昔の「え」には、「エ」「イエ」の2種類があったからです。この区別は、今から1000年前には消えていました。つまり、「あめつち」は1000年以上前の文句だったことが分かります。

第3章

◆集団内のことば◆

ザギンでシースーいかが？

テレビ業界や芸能界では、ことばをひっくり返して言うことがあります。

「ザギンでシースーでも食べよう」

これは「銀座ですしでも食べよう」という意味です。「銀座」「すし」をひっくり返して「ザギン」「シースー」と言っているわけですね。

こうした「逆《さか》さことば」は、ジャズ音楽などのバンドマン（演奏をする人）が特に広めたと言われます。「ジャズ」は「ズージャ」、「バンド」は「ドンバ」と言います。

逆さことばを使う理由のひとつは、仲間以外の人に意味が分からないようにするためです。ないしょ話に向いています。

それから、仲間同士でふざけるためもあります。自分たちだけのことばを使うと、仲間同士の気持ちが近くなるのです。

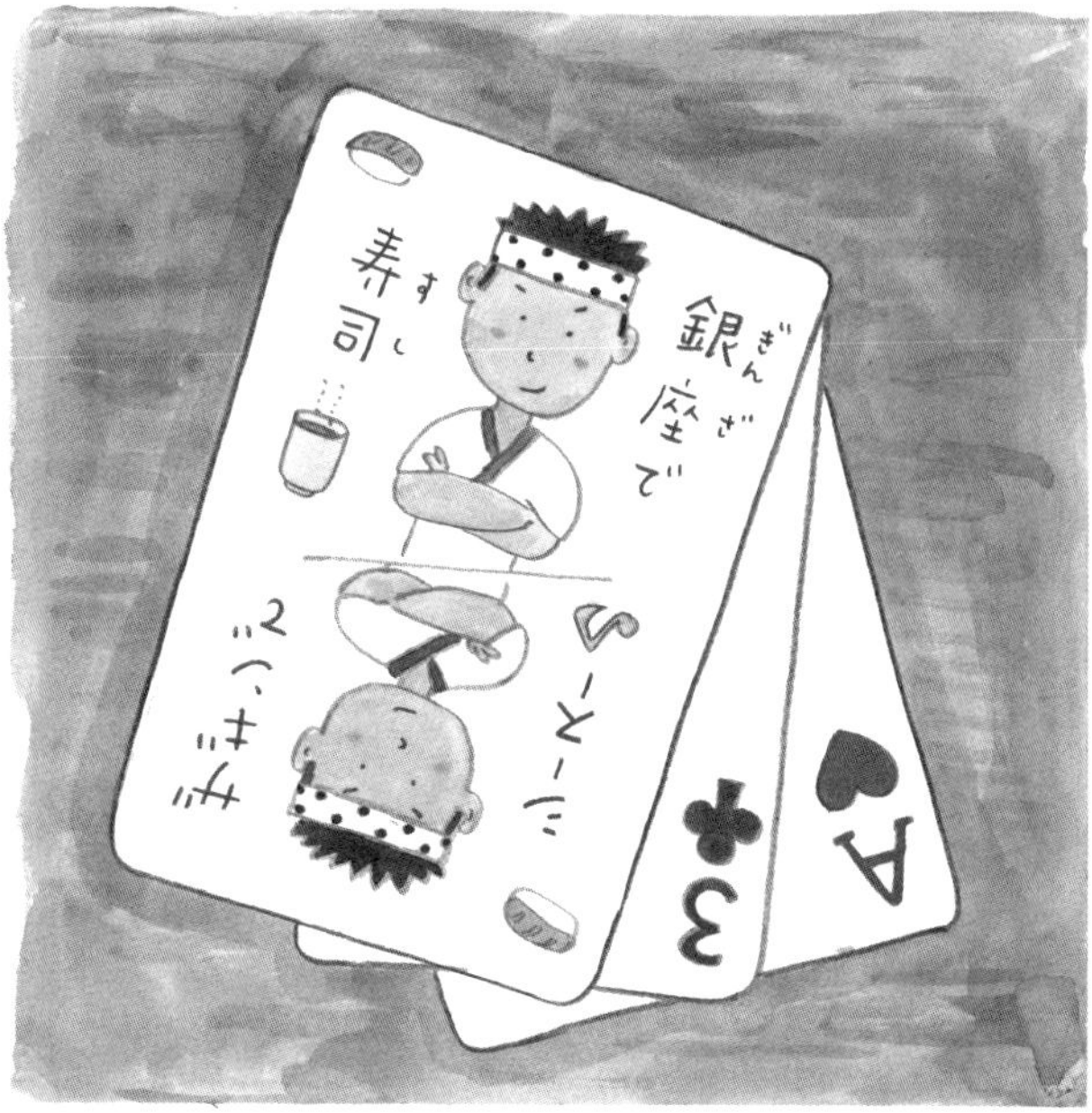

長いことばもひっくり返して言います。

「ローソ、ローソ、マスカイキ」

これもバンドマンのことばですが、何のことでしょうか。実は、「そろそろ行きますか」をひっくり返して言ったのです。

こうした逆さことばは、江戸《えど》時代からありました。たとえば、「熱心」を「しんねつ」、「金」を「ねか」などと言いました。昔の人も、ことばでふざけて楽しんだのですね。

あなたがよく知っていることばの中にも、逆さことばがあります。「すしのネタ」「漫才のネタ」と言うでしょう。これは、もともと「種」をひっくり返したことばです。

あやしい人たちのことば

犯罪者や不良グループの人間たちは、警察などにばれないよう、仲間うちで通じることばを使います。地名の「上野」「新宿」を「ノガミ」「ジュク」と言うのもその例です。仲間どうしだけで使うことばのことを「隠語《いんご》」と言います。隠語は昔からたくさんあります。もちろん地名だけに限りません。

「そんなことをしていると先生に見つかるよ、やばいよ」などと、友だちに言ったり、言われたりしたことはありませんか。「やばい」も、昔は犯罪者などの間で使われた隠語です。意味は「危ない」ということ。

現在では、「やばい」は「すごくいい」の意味でも使われます。「その服、やばい（すごくかわいい）」のように、だれもが使うようになりました。もう隠語ではありません。

ただ、「『やばい』なんてことば、使うのはやめなさい」と言う大人もいます。それは、もともとあやしい人たちの隠語だったからです。私は、友だちどうしなら使ってもいいと思います

けどね。

「君、ださいかっこうしているね」というときの「ださい」も、もとは隠語でした。これは、不良少年たちが使っていたことばです。「やぼったい、いなかくさい」という意味です。「ださい」の語源は何か、いろいろな説がありますが、よく分かりません。

もとはあやしい人たちだけが使っていたことばを、いつの間にかみんなが使うようになる。考えてみればふしぎなことです。

テレビ局で「笑って」とは？

学校で、自分たちとは別のグループの人たちが会話しているのを聞いて、「おやっ」と思ったことはありませんか。自分たちのグループとは話題もちがうし、使うことばも少しちがっていることがあります。

大人の社会でも同じです。グループがちがうと、使うことばもちがってきます。同じ職業の人どうしで使い、外部の人には分かりにくいことばもあります。そういうことばを「業界用語」と言います。

テレビ局で働く人にも、業界用語があります。私がある日、放送局の見学コースを訪れると、「スタジオに飛びかう業界用語」がパネルに紹介《しょうかい》されていました。

たとえば、「消えもの」。俳優が演技をする時に1回だけ使う小道具のことです。ドラマで食事の場面に出てくる料理はその代表です。食べてしまうと料理は消えるので、「消えもの」というわけです。

あるいは、「笑う」。スタジオで、「そのマイク、笑って」と言ったら、マイクを見てにこにこ笑っていてはいけません。片づけることを「笑う」と言うのです。

テレビ業界の用語は、テレビ放送が始まる前から、しばいや映画の業界で使われていたものが多くあります。テレビ業界には、しばいや映画の関係者も多いからです。

「消えもの」「笑う」も、テレビ以前からしばいなどで使われていました。歴史のある業界用語なのです。

「てっぺん」まで仕事する？

テレビの業界用語は、「消えもの」（1回だけ使う小道具）や「笑う」（片づける）のほかにも、いろいろあります。

子どものころからテレビに出ているタレントが、なまいきだった子役時代を振《ふ》り返っていました。「大人のまねして業界用語を使っていた」と、いくつか紹介《しょうかい》していました。

たとえば、「キャンセルする・解散する」の意味で「ばらす」と言うそうです。また、このあと予定があって、今の場所に長くいられない状態は「けつかっちん」です。「けつ」（おしり、最後のこと）が、次の予定と「かっちん」とぶつかっているからです。

「てっぺん」という言い方もあるそうです。たとえば、「きょうはてっぺんまで仕事をした」というふうに使います。どういうことでしょうか。

時計の短針は、12時になるとてっぺんを指します。そう、「てっぺん」とは、夜中の12時のことです。

てっぺんにてっぺんで星《ほし》をみる
12
1
2
3
4
5
6
7
8
9
10
11

「てっぺん」は、テレビ業界以外でも使われます。ある辞書では、広告業界のことばとして紹介しています。テレビコマーシャルを作る会社が、テレビ業界の人から聞いて使うようになったのでしょうか。

会社で使うことばをのせた本にも、「てっぺん」は出てきます。「仕事を、てっぺん(12時)をめどに仕上げていきます」などと言うそうです。テレビから一般《いっぱん》の人の間に広まりつつあることばかもしれません。

「見切れてる」は見えるの？

テレビで使われる業界用語を、一般人《いっぱんじん》がまねして使うようになる例は多くあります。

「滑舌《かつぜつ》が悪い」ということばを、あなたは使いますか。話すときにつっかえたりして、なめらかに話せない、ということです。もともと「滑舌」は俳優やアナウンサーの使うことばでした。それが1990年代に一般に広まったのです。それ以前は国語辞典にものっていませんでした。

「見切れる」も、テレビから一般に広まったことばです。もともとは、舞台《ぶたい》のそで（左右のおく）など、観客から見えてはならない部分が見えることを言いました。たとえば、テレビの時代劇で、映ってはいけない電柱が見えている場合、「電柱が見切れてるよ！」というふうに使います。

この「見切れる」は、21世紀に入ったころから、一般の人も使うようになりました。すると、新しい意味が現れました。

みんなで記念写真をとったら、いちばんはしの人が、半分しか画面に入らなかったとき、「あぁ、見切れちゃった」などと言います。これは、「画面の外になってしまった」ということです。

つまり、「見切れる」は、「不必要な部分が画面に入る」という意味だけでなく、「必要な部分が画面から出る」という意味が現れたのです。単に「見切れる」と言われると、どちらの意味か、迷ってしまいます。

いろいろ見切《みき》れて
卒業《そつぎょう》おめでとう
卒業式

押してるから巻いてください

テレビ業界から一般《いっぱん》人《じん》に広まったことばには、こんなものもあります。

「押《お》してるから巻いてください」

どんな意味でしょうか。時間に関係のあることばです。

「押す」は、仕事などがのびて、予定よりおそくなることを言います。「ゲストの話が5分押してます」と言えば、「予定より5分長くなってます」ということです。

大きな石を押すと、前方に転がっていきます。それと同じように、仕事がなかなか終わらなくて、予定をしらずしらず前方に押してしまうことから、「押す」と言うようになったのでしょう。

「巻く」は、予定がのびているときに急ぐことを言います。ゲストにあと5分話してもらう予定だったのに、3分でやめてほしい場合、「2分巻いてください」と言います。

のびたテープをぐるぐる巻くと短くなります。そのイメージかもしれません。語源は、ちょっ

とよく分かりません。
私がテレビに出演したとき、ディレクターから「１分巻いてます」と言われました。「巻く」は急ぐことなので、１分急がなければならないのか、とあわてました。
実は、これは「急いで話したために、１分早くなってます」という意味でした。「巻く」は急ぐことですが、「巻いてます」は予定が早くなることです。ややこしくて、放送関係の人もまちがえるそうですよ。

総理大臣が続投、再登板!?

ある集団だけで使われていたことばが、いつの間にか、みんなに使われるようになる。こういうことはめずらしくありません。

スポーツのことばの中にも、例が多くあります。

たとえば、選挙で戦った人どうしが、「選挙が終わったらノーサイドだ、仲良くしよう」と言うことがあります。「ノーサイド」とは、ラグビーで「試合終了《しゅうりょう》」のことです。

日常語になっているスポーツ用語の中で、特に目立つのは、野球のことばです。

たとえば、「総理大臣が続投する」と言います。総理が次の人に交代しないで、まだその仕事を続ける、ということです。

「続投」は、もともと、野球のピッチャーがマウンド（投球する場所）を降りず、投げ続けることです。それが、総理や社長などが仕事を続ける場合にも使われるのです。

「総理が再登板」という言い方もあります。一度総理を辞《や》めた人が、しばらくたって、もう一

度総理になる、ということです。

「登板」も野球のことばで、ピッチャーがマウンドに立つことです。それを、地位につく場合にも使うようになったんですね。

今では、いろいろなスポーツを楽しむ人が増えました。でも、何十年か前までは、とりわけ野球の人気が圧倒的《あっとうてき》でした。

野球から出て一般化《いっぱんか》したことばが多いのはそのためです。野球のルールを知ると、日本語の勉強にもなるわけです。

「ガチ」は、すもうのことば？

1960年代、「巨人《きょじん》・大鵬《たいほう》・卵焼《たまごや》き」ということばがありました。野球の巨人、すもうの横綱《よこづな》・大鵬、そして卵焼きが、子どもたちの好きなものベスト3だったのです。

昔は、今以上に野球、さらに、すもうが大人気でした。日本語には、野球から出たことばだけでなく、すもうから出たことばもたくさんあります。

AさんとBさんが議論をしていた時、まわりの人が「Aさんのほうが正しい」と言ったとします。それを、「Aさんに軍配《ぐんばい》が上がった」と表現することがあります。

「軍配」とは、すもうの行司《ぎょうじ》が使う道具です。勝った力士のほうに向けて軍配を上げることから、勝負に勝ったと認められることを「軍配が上がる」と言います。

「胸を借りる」という言い方もあります。ドラマで、新人俳優がベテラン俳優と共演するとき、「先輩《せんぱい》の胸を借りてがんばります」と言ったりします。

これは、未熟な人が、ベテランにきたえてもらう、ということです。もともとは、力士が、先輩にすもうのけいこ相手になってもらうことを言いました。

「きょうはガチで暑い」というときの「ガチ」も、すもうから出たことばです。もとの形は「ガチンコ」。これは、すもうで「真剣勝《しんけんしょう》負《ぶ》」ということです。「真剣」が、いつしか「本当に」の意味に変わりました。意外なところに、すもう由来のことばがあります。

「うっちゃりを食う」とは？

すもうの決まり手（勝負がつくときの技）には多くの種類があります。「上手投《うわてな》げ」「押《お》し出《だ》し」「突《つ》き落《お》とし」など。中には、日常生活に入っていることばもあります。

「うっちゃり」は、土俵際《どひょうぎわ》に追いつめられた力士が、体をひねり、相手を外に出す技です。そこから、逆転の意味で使われます。

ゲームを何時間もやっていて、お母さんに説教された子どもが、最後に言いました。「お母さんも、昔はテレビばかり見てたって、おばあちゃんに聞いたよ」

お母さんは「うっちゃりを食った気持ち」になったはずです。つまり、「最後に逆襲《ぎゃくしゅう》されたような気持ち」ということです。

「寄《よ》り切《き》り」は、相手と組み合ったまま土俵際まで寄《よ》っていく技です。これもまた、日常生活で使います。

好きではない相手に告白された人がいました。最初は、適当に返事をしていましたが、結局、

相手とつき合うことになりました。

「ついに、寄り切られちゃったよ」

その人は言いました。「寄り切る」は、「しんぼう強く相手に向かっていって、最後に勝つ」という意味で使われます。

すもうの技から出たことばを、もっと紹介《しょうかい》したいのですが、スペースがありません。肩《かた》すかしを食わせる（期待をはずす）ようで、ごめんなさい。なお、「肩すかし」とは、相手と組んだ手を急にぬいて、相手を前に引き落とす、すもうの技です。

将棋や囲碁から出たことば

将棋《しょうぎ》の羽生善治《はぶよしはる》さん、囲碁《いご》の井山裕太《いやまゆうた》さんが2018年、国民栄誉賞《こくみんえいよしょう》に輝《かがや》きました。将棋も囲碁も歴史が古く、それにちなんだことばも、日常生活に多くあります。

クラスの中で、何かに深い知識を持っている人がいるでしょう。「先生も一目《いちもく》を置くほどだ」と言ったりします。「一目を置く」とは、囲碁から出たことばで、「自分よりすぐれていると認める」という意味です。

昔は、碁盤《ごばん》の石を「一目、二目」と数えました（今は「一子《いっし》、二子」）。実力が下の人が、先に石をいくつか置いて対局を始めることがあります。そこからこの表現が生まれました。

クラスにはまた、「言うことを聞け」と、いつもいばっている人がいるかもしれません。えらそうに指図《さしず》する様子を「高飛車《たかびしゃ》な態度」と言います。これは将棋のことばです。

飛車はいちばん強いこまです。この飛車を、最初から前のほうに積極的に動かす方法が「高飛車」です。戦い方の特徴《とくちょう》から、「いばった様子」という意味が生まれました。

このほか、「見てはだめ」という「だめ」も、囲碁のことばです。石を打っても得にならない場所を「駄目《だめ》」と言うのです。また、急に金持ちになった人のことを「成金《なりきん》」と言います。将棋で、弱いこまが相手の陣地《じんち》に入って金《きん》のこまになることから来ています。

意外なことばが、将棋や囲碁に関係があるものですね。意味をよく理解するため、友だちと対戦してみてはどうでしょう。

「学区」それとも「校区」？

小学校は日本全国にあって、日本中どこでも、同じ教育が受けられます（公立小学校ならば）。教科書はちがっても、勉強する内容の一番大事な部分は同じです。

でも、学校で使うことばは、全国で同じではないことがあります。

愛知県の学校では「放課」ということばを使います。放課後ではありません。休み時間のことです。

私は香川県の小学校に通いましたが、そこでは「外《そと》ばき」「下《した》ばき」のことを「下《した》ぐつ」と言いました。西日本の言い方です。

「引《ひ》っ越《こ》しをしたら、学区が変わるので、転校しなければいけない」

こんな言い方を聞いたことはありますか。「学区」は、その学校に通学する子どもが住む区域のこと。これを「校区」と言う地域もあります。香川県の私の小学校でも「校区」と言っていました。

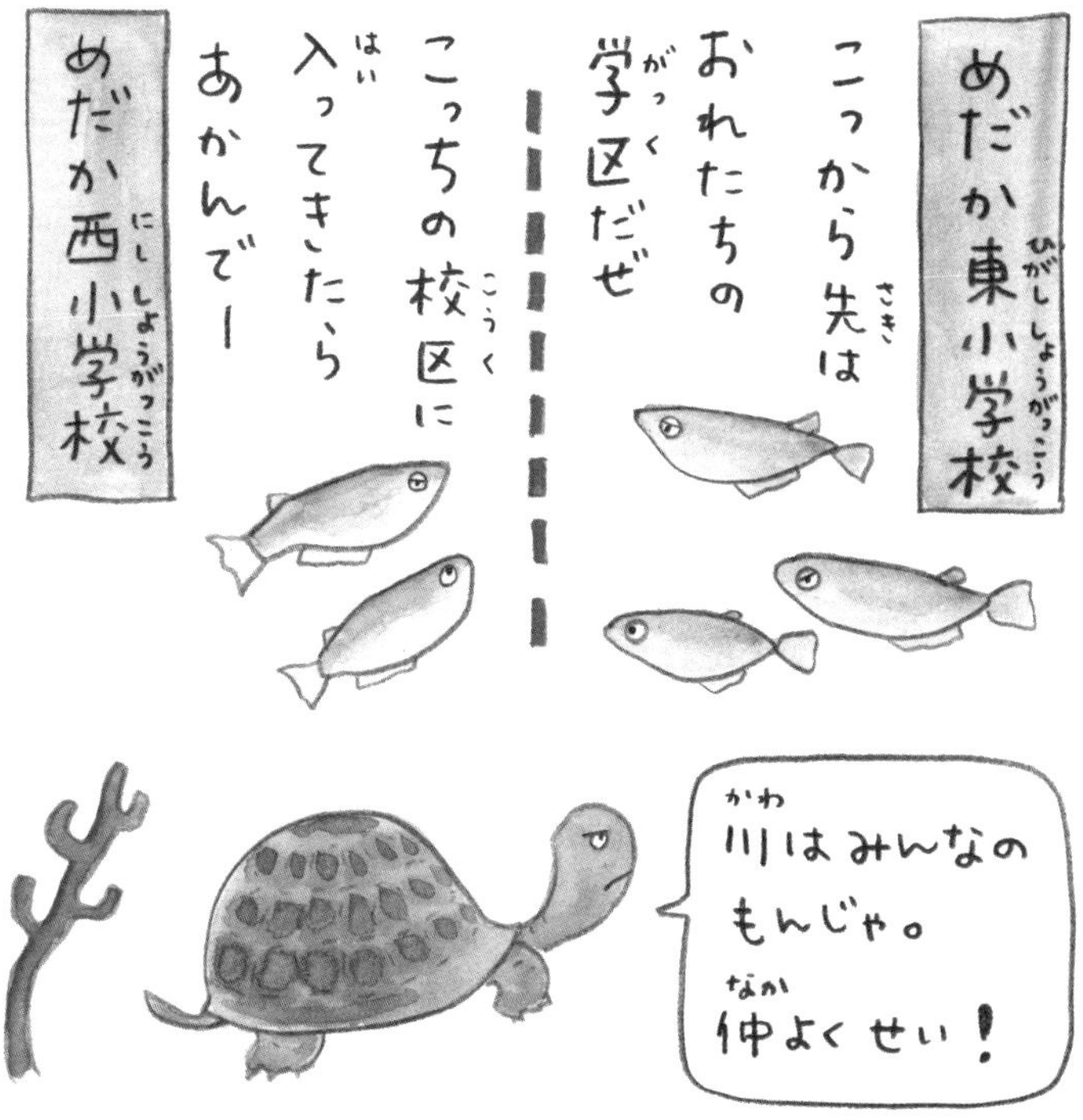
めだか東《ひがし》小学校《しょうがっこう》
ここから先《さき》は
おれたちの
学区《がっく》だぜ
こっちの校区《こうく》に
入《はい》ってきたら
あかんでー
めだか西《にし》小学校《しょうがっこう》
川《かわ》はみんなの
もんじゃ。
仲《なか》よくせい！

「学区」は東日本で、「校区」は西日本で多く使います。北海道や北陸、そして西日本では、同じ意味で「校下《こうか》」とも言います。「わが○○校下では、こんな活動をしています」というふうに使います。

少し古い本を見ると、学区のことを「連区《れんく》」とか「結社《けっしゃ》」とか言う地域もあるそうです。私は聞いたことがありませんが、今でも使っているのかな。

あなたは、自分の学校の通学区域のことを何と言っているでしょうか。

教室の中の「1号車」とは？

学校の中では、めずらしいことばが多く使われています。おうちの人から「それは何のこと？」と聞かれて、「えっ、知らないの？」と、おどろいたことはありませんか。

たとえば、朝の始業前にする「朝読《あさどく》」（朝の読書）。大人の私は、最初「あさどく」の意味が分かりませんでした。子どものころ、朝読の活動は一般的《いっぱんてき》でなかったからです。

今の学校では、先生が「1号車の人、来てください」と言うことがあります。「1号車」とは、ろうか側（または、窓側）から1番目の列という意味です。「2号車」「3号車」は、2番目、3番目の列です。

「そんなこと、当たり前だよ」と言う人がいるかもしれません。でも、これも私が子どものころには聞かなかった言い方です。

先生によっては「1のかわ、2のかわ」とも言います。「かわ」は「川」でしょう。この言い方も、私は知りませんでした。

私の通っていた香川県の小学校の先生は、「1番目のすじ」「2番目のすじ」と言っていました。「すじ」とは道のこと。つくえの列を、道にたとえたのでしょう。

「号車」は、もともと、列車の車両の順番を表すことばです。もしかすると、鉄道が好きな先生がいて、教室の中の列を呼ぶときに「号車」と言ったのかもしれません。

教室の「1号車、2号車」は、全国で使われているのかどうか、私には分かりません。あなたの教室ではどう言いますか。

体育の時の座り方を何と言う？

学校の中でいつも目にする、ごく当たり前のものごとでも、地域によって呼び名がちがうことがあります。

運動会の時にかぶる「赤白帽《あかしろぼう》」。これを「紅白帽《こうはくぼう》」と言う人もいるでしょう。「紅白帽」は、東日本の学校でよく使う言い方です。

体育の時に着る服は、東日本で「体操着《たいそうぎ》」、西日本で「体操服《たいそうふく》」と言う人が多いそうです。このことは、私といっしょに辞書を作っている先生に教えてもらいました。

では、やはり体育の時にひざをかかえて座る、あの座り方を何と言うでしょう。

これについて、私はツイッターでアンケートを取ったことがあります。約１４００人もの人が答えてくれました。

それによると、全国的に多いのは「体育座《たいいくずわ》り」です。私も、香川県の子どもだったころ、「体育座り」と言っていました。

また、「体操座《たいそうずわ》り」という地域もあります。愛知・福岡・兵庫・岐阜などがそうです。

関西では「三角座《さんかくずわ》り」とも言います。たしかに、足が三角形になっています。北海道・東北では「安座《あんざ》」と言う所もあります。

保育園《ほいくえん》・幼稚園《ようちえん》では「お山座《やまずわ》り」とも言います。「小さいころ、そう言っていたなあ」と、なつかしく思う人もいるでしょう。

今回挙《あ》げたことばを使う人に、「あなたは○○出身の人ですか」と尋《たず》ねたら、当たる確率は高いはずです。「どうして分かったの」とおどろかれるかもしれませんよ。

第4章

◆こんな言い方もできる◆

「犬」の慣用句を知ってる？

あなたは、犬とネコと、どっちが好きですか。どっちが好きな人も多そうですね。

年などを表す「子《ね》・丑《うし》・寅《とら》……」という十二支の中には、戌《いぬ》はありますが、ネコはありません。十二支は、古く中国から入ってきたものです。昔の中国では、犬のほうが重要だったのかもしれません。

日本語の中では、どっちのほうが親しまれているのでしょうか。

私が編集にかかわっている『三省堂《さんせいどう》国語辞典』では、「犬も歩けば棒に当たる」のように、犬のつく慣用句（ことわざをふくむ）は、全部で12項目《こうもく》あります。一方、ネコのつくものも12項目あります。私たちの国語辞典では、犬もネコも優劣《ゆうれつ》はありません。

ネコの好きな人にはちょっと待ってもらって、今回は、知っておくといい犬の慣用句を紹介《しょうかい》しましょう。

歩《ある》けば棒《ぼう》にあたり、

猿《さる》とは仲《なか》がわるく、

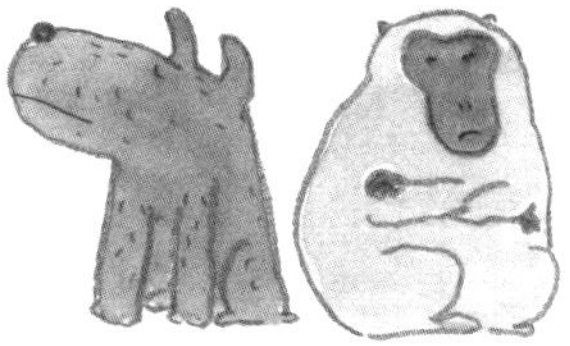

夫婦《ふうふ》げんかは食《く》わない。

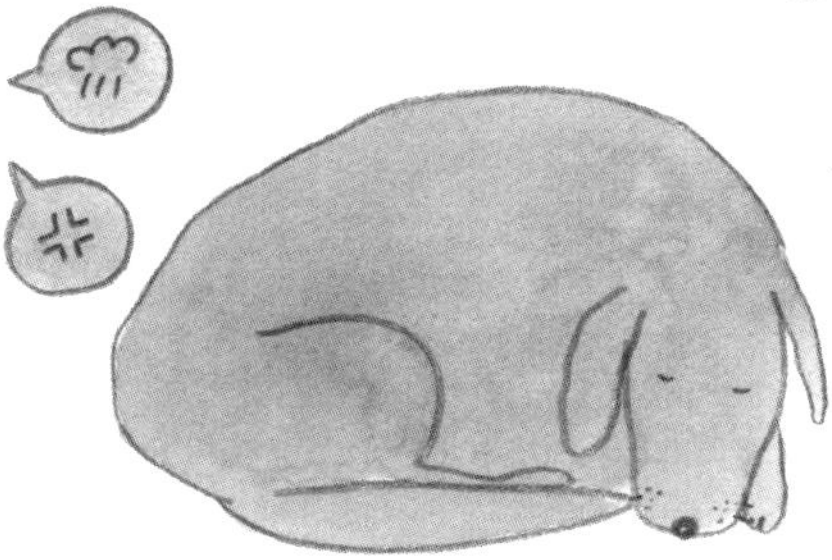

「飼い犬に手をかまれる」。いろいろ世話をしてあげた人に裏切られる、ということ。犬は忠実な動物ですが、一方、人間のほうは恩知らずな人が多いかもしれません。

「夫婦げんかは犬も食わない」。夫婦げんかは、くだらないことが原因なので、犬も相手にしない。もし両親がけんかしていたら、「ばかなことはやめて」と言ってください。

そして、「弱い犬ほどよくほえる」。自分に自信がない人ほど、大声で相手をののしったりするのです。おたがいに、相手を尊重して話し合いたいですね。

ネコに関係する慣用句は？

　十二支に戌《いぬ》はあっても、ネコはありません。それでも、ネコは、古代から、犬と同じように、日本人に身近な動物でした。

　1000年ぐらい前の平安時代、ネコは、宮中《きゅうちゅう》でペットにもなっていました。「枕草子《まくらのそうし》」「源《げん》氏物語《じものがたり》」など当時の作品に、ネコがかわいがられている様子が出てきます。

「枕草子」では、天皇がかわいがっていたネコを犬がおどかしたので、部下が、犬をたたきのめして追いはらってしまいます。さいわい、その犬はぶじ帰ってきました。

「源氏物語」では、ネコを大事にかっているお姫《ひめ》さまが出てきます。お姫さまに恋《こい》する青年が、そのネコをもらって、お姫さまの身代わりにして、大切に世話をします。

　ネコに関係する慣用句（ことわざをふくむ）も、日本語には多くあります。「ねこの手も借りたい」（とても忙《いそが》しい）、「ねこに小判」（値打ちが分からない人に、いい物を与えてもむだだ）などは知っているでしょう。

猫《ねこ》に小判《こばん》
つまり…
豚《ぶた》に真珠《しんじゅ》
ようするに…
馬《うま》の耳《みみ》に念仏《ねんぶつ》

　では、「ねこの首に鈴《すず》をつける」はどうでしょうか。ネズミたちがネコの首に鈴をつけるのは勇気がいります。みんなを代表して、強い人に注意やお願いをするとき、「よし、私がねこの首に鈴をつけよう」と言います。

　難しい慣用句として、「窮《きゅう》鼠《そ》ねこをかむ」があります。「窮鼠」はネコに追いつめられたネズミ。そのネズミが、必死になってネコにかみつくということです。弱い者も、必死になれば、強い者に勝てるのです。

「犬ちゃん」と言えるのかな？

犬とネコは、日本で昔から親しまれています。「犬ネコ」と並べて言うことが多いですね。でも、ふしぎなことに、犬とネコとは、呼びかけるときの言い方がちがいます。

かわいいネコのことを「ネコちゃん」と言います。一方、かわいい犬のことは「犬ちゃん」とは言いません。「ワンワン」という鳴き声から「ワンちゃん」と言います。

それなら、ネコのことも鳴き声から「ニャンちゃん」「ニャーちゃん」と言うでしょうか。あまり言いませんよね。どうしてこんなちがいがあるのでしょうか。

最近は、ネコのいるカフェが増えてきました。「ねこカフェ」と呼ばれています。そのままで、分かりやすい呼び名です。

一方、犬のいるカフェのことは「犬カフェ」とは言いません。「犬」を英語にして「ドッグカフェ」と言います。ネコの場合、「キャットカフェ」とは、あまり言いません。やっぱりちがいがあります。

ともだちなら
おれのこと
「ワンちゃん」て
よんでいいん
だぜ。
じゃあ、ぼくは
「カアちゃん」
でよろしく。
あたし、
「チュンちゃん」。

どうも、日本語では、「犬」という呼び名はかわいくないらしいんですね。

「犬」のつくことばを思い浮《う》かべてみると、「犬死に」（むだ死に）とか、「負け犬」（勝負に負けた人）とか、イメージの悪いことばが多くあります。ネコに関係することばは、それほど悪いイメージはありません。

かわいいペットに、イメージの悪い呼び名は似合いません。それで「ワンちゃん」などと別の呼び方をするのです。

おサルさん、お馬さん

「ネコちゃん」と言うのに「犬ちゃん」とは言わない、というふうに、動物の呼び方にはちがいがあります。

変わっているのは、サルや馬を呼ぶときです。「サルちゃん」「馬ちゃん」ではありません。「おサルさん」「お馬さん」と言います。どうして「お」がつくのでしょう。

「お」は尊敬や親しみを表す場合に使います。「おサルさん」と言うのは、サルが人間に近く、親しい感じがするからです。

馬も人間に身近な動物なので「お」をつけます。それだけでなく、神の乗り物ともされていたので、うやまって「お馬さん」と言ったと考えられます。

「お」をつけて動物を呼ぶことは多くありません。「お牛さん」「お象さん」とは言いませんね。「牛さん」「象さん」です。

「お牛」と言うと、「雄牛《おうし》」（オスの牛）とまちがわれてしまいます。「おうし座」の「おうし」

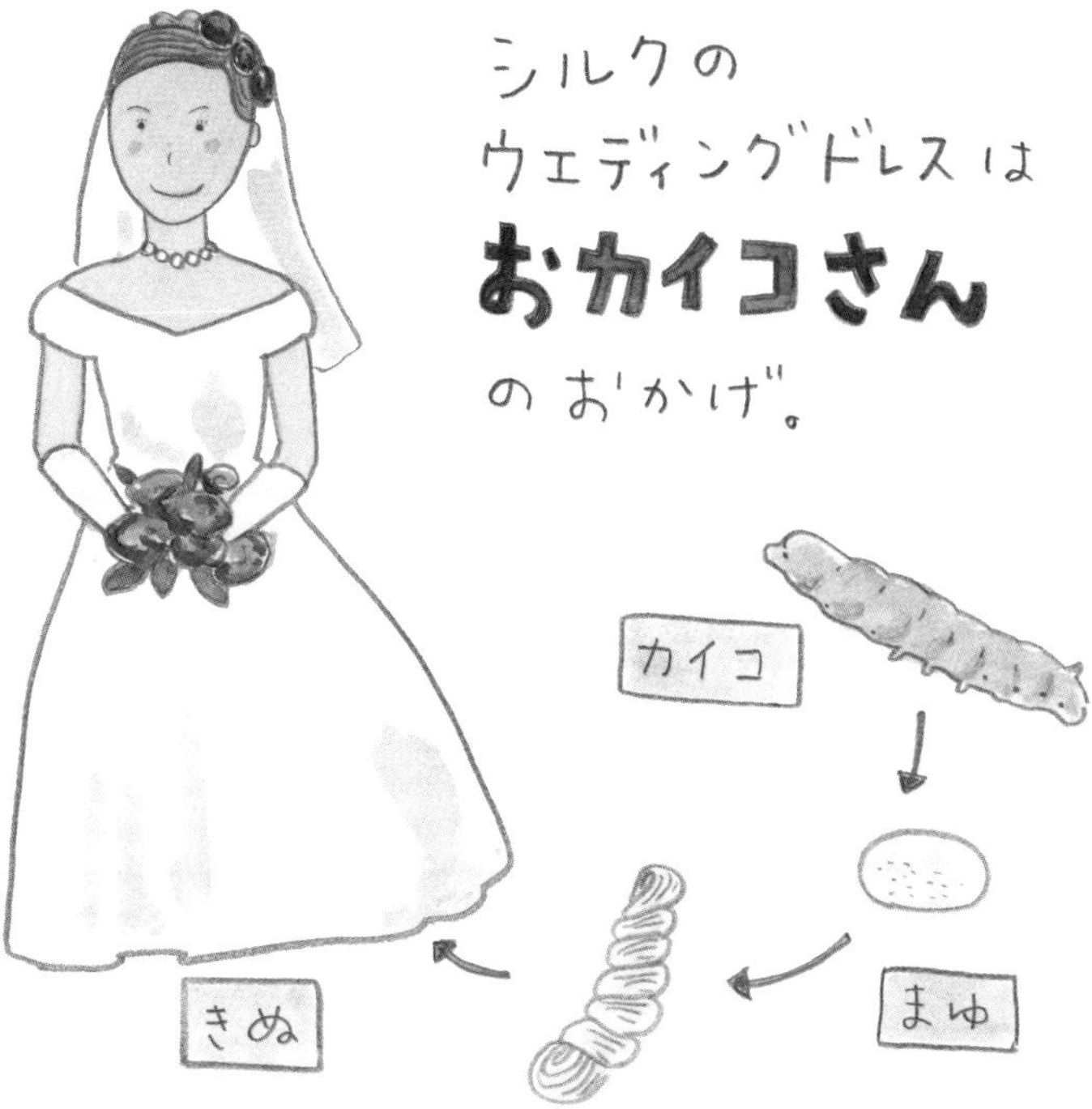
シルクの
ウエディングドレスは
おカイコさん
のおかげ。
カイコ
まゆ
きぬ

も「オスの牛」ということです。

鳥のことを「おとりさま」と言うことがあります。正確には、動物の鳥ではなく、各地にある鷲神社《おおとりじんじゃ》で行われる「酉《とり》の市《いち》」というイベントのことを指します。これは、ちょっと意味がちがいますね。

江戸《えど》時代、将軍の徳川綱吉《とくがわつなよし》が犬を大切にしていたころ、人々が犬のことを「お犬さま」と呼んだと伝えられています。犬が人間よりも大切にされていたので、皮肉《ひにく》な気持ちをこめてそう呼んだ人もいたはずです。

「おかゆさん」は好きですか？

サルを「おサルさん」と親しみをこめて呼ぶのと同じく、食べ物も「お○○さん」と呼ぶことがあります。「お」だけならふつうですが、「さん」がつくのは面白いですね。

私は香川県で生まれましたが、小さいころ、病気でおなかを悪くすると、お医者さんに「おかいさんを食べてください」と言われました。関東で生まれた母は、「おかいさん」が分かりませんでした。

じつは、これは「おかゆさん」のなまりです。西日本では、おかゆのことを「おかゆさん」または「おかいさん」と言います。

西日本では、イモを「おイモさん」、豆を「お豆さん」とも言います。米のことも「お米さん」と言う場合があるようです。これはどうしてでしょうか。

イモや豆、そして米は、どれも穀物《こくもつ》です。日本人がいつも食べている大事な食べ物です。それで、感謝と親しみの気持ちをこめて「お○○さん」と呼ぶのでしょう。昔の宮中で働いてい

た女官《にょかん》たちの、ていねいな言い方をまねたことばとも言われます。

　このほか、西日本では、卵のことを「おたまさん」、魚のタイのことを「おタイさん」と言います。これは、ちょっと高級な食べ物だったからでしょうか。

　なめるアメのことを「アメちゃん」と言うのも、西日本の言い方です。食べ物に「ちゃん」がつくのは、おそらくアメの場合ぐらいしかないと思います。

「おいなりさん」は食べ物？

おすしを、あまく煮《に》た油あげで包んだ「いなりずし」。これを「おいなりさん」と言うことがあります。「おイモさん」のように、食べ物に「さん」をつけています。

ただ、「おいなりさん」は、「おイモさん」とちがって、もともとは食べ物でないものを指していました。

「いなり」とは、「稲荷神《いなりしん》」という神様のことです。稲荷神をうやまって「おいなりさん」と言ったのです。さらに、その神様をまつる神社、つまり稲荷神社《いなりじんじゃ》のことも「おいなりさん」と言うようになりました。

稲荷神社では、キツネが神の使いの役目をします。そういえば、稲荷神社の境内《けいだい》には、キツネの石像が立っていますね。このキツネのことも「いなり」または「おいなりさん」と言うことがあります。

このキツネは、油あげが大好物だと信じられていました。そこで、キツネにちなんで、油あ

おいなりさん
へ行《い》き
のとなりにすわって、
おいなりさん
おいなりさん
を食《た》べました。

げのことも「いなり」「おいなりさん」と言う人が現れました。

しまいには、この油あげを使ったおすしのことも「いなりずし」「おいなりさん」と言うようになりました。あなたも、ふだんよく使うことばでしょう。

神様の名前から、長い間にずいぶん意味がはなれてしまいました。神社の名も、キツネも、油あげも、そしておすしも、みんな同じ名前で呼ばれているというのは、面白いと思いませんか。

「白」の反対語は何？

「大きい」の反対は「小さい」。「熱い」の反対は「冷たい」。こんなふうに、意味が反対になることばを「反対語」（対義語）と呼びます。知っていますよね。

反対語は、ひとつに決めにくいことがしょっちゅうです。「白黒写真」と言うから、「白」の反対は「黒」です。でも、運動会では「赤組」と「白組」に分かれます。とすると、「白」の反対は「赤」でもあるわけです。

では、「白」の反対は「青」と言うことはできないでしょうか。国会で投票する場合、賛成するときは白色の票（白票《はくひょう》）を、反対するときは青色の票（青票《せいひょう》）を入れます。この場合、「白」の反対は「青」になります。ちょっとむりやりっぽいでしょうか？

「海」の反対語もいろいろ考えられます。夏休みには海や山に行くので、反対語は「山」です。あるいは、「海の生物と陸の生物」という言い方もあるので、「海」の反対は「陸」でもあります。「陸《おか》」とも言います。

ほかにはないでしょうか。船に乗ってながめると、下には「海」がはてしなく続き、上には「空」がはてしなく続きます。船で旅をしているときには、「海」の反対語は「空」という気持ちになるはずです。

反対語は、見方によって変わることがあります。国語のテストに出る反対語は、答えはだいたいひとつです。でも、テストに出ないことばの反対語をいろいろと考えてみると、頭の体操になります。

「長い」の反対は「長くない」？

昔、テレビで学校が舞台《ぶたい》のコントを見たことがあります。先生が「『長い』の反対は何ですか」と質問したのに対し、子ども役のタレントが「はーい、『長くない』です」と答え、全員がずっこけました。

コントを見る人は「ばかだなあ」と笑うにちがいありません。「長い」の反対は「短い」に決まっているからです。

でも、「長い」の反対を「長くない」と言っては、なぜいけないのでしょう。その理由を、きちんと説明できるでしょうか。

「長くない」という場合、たしかに「短い」もふくまれます。でも、それ以外に、長くも短くもない「ふつう」もふくまれます。反対のことばには「ふつう」がふくまれてはいけません。それで、「長い」の反対は「長くない」とは言えないのです。

では、「完全」「正確」の反対は何でしょう。答えは、「不完全」「不正確」。つまり「完全でない」

「正確でない」という意味です。「○○ない」は反対語と言えないはずなのに、一体どういうことでしょう。

　これは、かまわないのです。なぜなら、完全でなかったり、正確でなかったりする状態は、「ふつう」の状態ではないからです。異常な事態なのです。「不完全」「不正確」は、ふつうとは言えない場合だけに使うので、反対語と考えてもかまいません。ふつうの場合をふくむ「長くない」とは、そこがちがいます。

「立派」の反対は何だろう

子どものころ、ふと「『立派《りっぱ》』の反対は何だろう」と疑問に思ったことがあります。

「立派なお屋敷《やしき》」「立派なドレス」

こんな使い方をしますね。「立派」は、大きかったり、豪華《ごうか》だったりして、思わず感心してしまうようなものに使います。

その反対のことばは何でしょうか。大きくも豪華でもなく、つまらない。そんな様子を何と表現すればいいか。子どもの私には、いくら考えても分かりませんでした。

国語辞典には、「立派」の反対は「貧弱《ひんじゃく》」「粗末《そまつ》」と書いてあります。「貧弱な体」「粗末な服」のように、やせた様子や、作りが簡単な様子を表します。子どものころ、こんなことばは思いつきませんでした。

今、私の家族に聞いてみると、「貧相《ひんそう》」という答えが返ってきました。これでもいいでしょう。「貧相」は、「やせた貧相な男」というように、人の顔などが貧乏《びんぼう》そうな場合に、多く使います。

「豊《ゆた》か」の反対《はんたい》は
「まずしい」または
「と○○い」です。
なんでしょう？
得《とく》ない？
ナルホド…
富《とみ》ない？
オシイ！
正解《せいかい》は…
「とぼしい」でした。

　ただし、「立派な成績」という場合は、話が別です。この反対は「貧弱な成績」と言えなくもないけれど、やや不自然です。「さえない成績」「ぱっとしない成績」のほうが、反対の表現としてはぴったりします。

「立派」だけでなく、「反対は何だろう」と考えこんでしまうようなことばが、時々あります。たとえば、「豊か」の反対は何でしょうか。私は、やはり子どものころに、なやんだ経験があります。

「昔」の反対は「今」だけ？

「過去」の反対は何でしょうか。国語辞典で調べると、「現在・未来」と書いてあります。「過去・現在・未来」でワンセットなので、それぞれ、反対語が二つあるんですね。

こういう例はよくあります。たとえば、じゃんけんの「石」の反対は「はさみ・紙」。「はさみ」の反対は「紙・石」。そして、「紙」の反対は……そう、「石・はさみ」です。同じように、「固体」の反対は「液体・気体」。「陸軍」の反対は「海軍・空軍」です。

では、「昔」の反対は何でしょうか。「過去」の反対は「現在・未来」だから、「昔」の場合も、反対語は「今」と、それから……。あれ、「今」しか思いつきません。「未来」に当たることばはないのでしょうか？

そのとおり。「昔」と「今」は、これだけで反対語の組になっています。

「昔」「今」は、古い時代と、自分たちが生きている新しい時代を比べるときのことばです。「昔はこうだったが、今はこうだ」「今も、昔も変わりない」のように。でも、未来はまだ分からないので、比べることができません。それで、「昔」「今」の反対語に「未来」に当たることばはないのです。

似たことばでも、反対語がちがうことはあります。たとえば、「子ども」の反対は「大人」しかありません。でも、「少年」の反対は「青年・壮年《そうねん》・老年」と三つもあります。同じものでも、見方が変わると、反対語の数も変わってくるのです。

未来《みらい》
現在《げんざい》
過去《かこ》
がんばれよー
ここはもう過去《かこ》。もどれません。

楽しい形容詞は少ない!?

あなたは、すごく仲のいい友だちと遊ぶとき、どんな気持ちになりますか。ひとことで言い表してください。

「楽しい」？　そうですね。ほかに言い方はありますか？

友だちが遊びに来ると、「うれしい」。それから、いっしょにゲームをやって「面白い」と言うこともできますね。

そのほかはどうでしょう。「○○い」という言い方を探してみてください。もう、あまり見つからないかもしれません。

「○○い」という形のことばを「形容詞《けいようし》」と言います。じつは、友だちと遊ぶときのように、明るい気持ちを表す形容詞は、あまり多くないのです。

では、反対に、友だちとけんかしたときの気持ちを、「○○い」で表してください。

「悲しい」？　そうですね。「さびしい」「つらい」という気持ちにもなります。

楽《たの》しいときは ことばいらず

人によっては、けんかに負けて「くやしい」「腹立たしい」「いらだたしい」、相手が「にくい」「にくらしい」と思うかもしれません。その一方、自分が「情けない」「はずかしい」と思う人もいるでしょう。

ふしぎですね。暗い気持ちや、いやな気持ちを表す形容詞は、たくさんあります。

人は、明るい気持ちの時よりも、暗い、いやな気持ちの時のほうが、その気持ちをことばにしたいと強く思います。それで、暗い、いやな気持ちを表す形容詞は多いのです。

いやな気持ちを書いてみよう

作文を書くのって、好きですか。こう言うと、「全然、好きじゃないよ！」という声が、どこからか飛んできそうです。

作文が苦手なわけを聞かれて、「書くことがないから」と答える人がいます。たしかに、作文に書く材料って、少ないですよね。

でも、それは、楽しかったことや、うれしかったこと、面白かったことを書こうとするからです。毎日の暮らしの中で、そんなにいいことばかりは見つかりません。

もし、いいことを見つけても、それを書くのは難しい。明るい気持ちを表す形容詞は少ないので、つい「楽しかった」「うれしかった」と、決まった表現になってしまいます。

そこで、考えを変えて、いやだったこと、つまらなかったこと、がっかりしたことを作文に書いてみてはどうでしょう。

たとえば、何もする気にならなくて、退屈《たいくつ》だった日。あなたは、どんなふうに過ごしていま

そうじしなさい
めんどくさい
べんきょうは？
めんどくさ…
外《そと》であそぶ？
めんどく…
めんどくさいことを
作文《さくぶん》に書《か》いたら？
いいね！

したか。

テレビを見ても「ばかばかしい」。片づけをするのも「めんどうくさい」。宿題が多くて「うらめしい」。天気が悪くて「うっとうしい」……。いやな気持ちを表す形容詞は、日本語にいっぱいあります。それを思う存分使って、作文を書いてみましょう。

いやな気持ちを書くと、先生におこられるんじゃないかって？　だいじょうぶ。正直な気持ちが表れていれば、それはすぐれた作文です。おこられる理由はありません。

楽しくて○○しちゃった

楽しい気持ち、うれしい気持ちを作文に書くのは難しいものです。もともと、明るい気持ちを表す形容詞は少ないので、何を書いても「楽しかった」「うれしかった」「面白かった」……と、いつも同じような感想になってしまいます。

これは形容詞の数のせいで、あなたのせいではないかもしれません。でも、あるくふうをすれば、ワンパターンではない表現ができます。そのくふうとは、「楽しくて、○○した」と、あなたの行動を書くことです。

旅行に行って、楽しかったときのことを思い出してください。あなたはどんなふうに行動していましたか。えっ、「ふつうにしていた」？　そんなことはないでしょう。

親せきの家に行って、そこの子どもと外で思いっきり遊んだことはありませんか。夕方になって暗くなり、家の人が「もうごはんだよ」と言っても、まだ遊んでいた、そんな経験のある人も多いはず。

とんぼ
楽《たの》しくて宙《ちゅう》がえりしちゃった
楽《たの》しくておどっちゃった
かまきり
♪♪♪
楽《たの》しくてたくさん鳴《な》いちゃった
すずむし

楽しい気持ちは、行動や会話に表れます。

「楽しくて、『ごはんですよ』と言われても、まだ遊んでいました」

「楽しくて、ずっと走り回っていて、あせでシャツがびしょびしょになりました」

「楽くて、思わず『あと1か月、ここにいられたらいいのに』と言いました」

こんなふうに、「楽しくて、○○した」と書いてみてください。「○○した」の部分が、あなたの作文を魅力的《みりょくてき》にしてくれます。

第5章

◆相手に届くことば◆

謝るときに必要なことばって？

学校からの帰り道、友だちとふざけあって、その子の手さげぶくろをつかんだら、持ち手のひもが破れてしまいました。

友だちはかんかんにおこっています。こんなとき、あなたならどうしますか。

そう、もちろん謝りますね。まずは「ごめんなさい」の一言が必要です。

でも、それ以外にもうひとつ、必要なことばがあります。

「その手さげ、とても大切にしてたよね」

この一言です。友だちは、大切な手さげぶくろを破られて、ショックを受けています。「とても大切にしてたよね」という一言は、友だちの気持ちを想像して、理解しようとすることばです。

人は、自分の気持ちが分かってもらえないと、悲しくなって、おこりだします。でも、自分

ごめんね。
秋刀魚《さんま》を
たのしみにして
いたんだね…。

の気持ちが理解されたことが分かれば、いかりはおさまります。

友だちにぶつかったとき、「ごめんね」と謝るだけでなく、「痛かったよね」と、相手の気持ちを思いやることばを続けてみましょう。強くぶつかったときは「ごめんね。けがはない？」と聞きます。そんな一言があれば、相手はそんなにおこらないはずです。

「ごめんね」と謝るだけでも勇気がいるのに、さらに一言なんて無理、と思うかもしれません。でも、「ごめんね」と言うだけよりも、相手を思いやることばを続けたほうが、かえって言いやすいものです。

謝ったほうが大人になれる

「ごめんね」と謝るのは勇気《ゆうき》がいる。そのとおりです。謝るのはこわい、と思う人もいるかもしれません。でも、おそれる必要はありません。

私はよく失敗をして、相手に「ごめんなさい」と謝ります。ネット上でまちがったことや、不正確なことを言ってしまい、訂正《ていせい》して謝ることもあります。

あるとき、私はツイッターで、ことばの使い方について説明していました。ところが、私は昔、そのことばについて、ちがう説明をしていたことを思い出しました。

どうしよう。昔の説明のことはだれも知らないから、だまっていようか。でも、だまっているのは恥《は》ずかしいと思いました。

私は、ツイッターで事情を説明して謝りました。すると、批判《ひはん》する人はいませんでした。むしろ、「まちがいを認めてえらい」と、ほめてくれる人がいました。謝ったほうがいい評価をもらえたのです。

友だちとけんかしたとき、自分は本当に悪くなかったか、冷静に考えてみます。そして、悪いところがあれば、すなおに謝ったほうがいいのです。「ごめんね。こっちの言い方が悪かったよ」と、相手の気持ちを考えて謝れば、友だちも「自分のほうこそ……」と謝ってくれるでしょう。

　自分ばかり謝って、相手が謝ってくれなかったら？　それでもいいのです。きちんと謝れる人のほうが、大人なんですから。

「バカ」と言うほうがバカなんだ

人の気持ちが分からない人、いますよね。けんかをした後、こっちが謝っても、むこうはちっとも謝ってくれない。

それはまあ、いいとしましょう。まだまだ子どもなんだ、と許してあげましょう。

でも、許せない人もいますよね。一番むかつくのは、こっちの悪口を言う人。

「お前はバカだな」。そう言われると、なにを！と思っても、けっこう傷つきます。

私は子どものころ、大人に言われました。

「『バカ』と言われても気にするな。『バカ』と言うほうがバカなんだよ」

その時は、「そんなはずはない」と思いました。相手は、こっちがバカと言っている。なのに、実はむこうがバカなんて！

今になると、その意味がよく分かります。とても簡単なことです。りこうな人は、だれかに「バカ」なんて言わないんです。

　さっきも言ったように、「バカ」と言われると、どんな人でも傷つきます。そんなことを言ってはだめだ、と分からない人が、りこうなわけないですね。

　つまり、あなたに「バカ」と言う人がいたら、その人こそ、勉強が足りないのです。

「バカ」と言われて、おこって言い返すのもいいけれど、冷静に考えてみましょう。

「ああ、あの人は自分がバカなことが分からないんだな、かわいそうに」

　そう考えると、いかりも消えてしまうのではないでしょうか。

悪口は、自分自身に言っている

人に「バカ」と言われても気にするな。「バカ」と言うほうがバカなんだ――そう言われても、やっぱり、気持ちがおさまらない。

無理もありませんね。「バカ」は強いことばなので、だれでも傷つきます。じょうだんで言われても、傷つくことがあります。

では、もう少し説明しましょう。あなたに悪口を言う人は、実は、自分自身に悪口を言っているんですよ。

どういう意味かって？　ひとつ例をあげて説明しましょう。

ツイッターで、私の悪口を強い調子で書いている人がいました。「こんなやつ、たいしたことないよ！」と言うのです。私がたいしたことがないのは事実ですが、でも、ちょっと失礼ですよね。

ところが、その人のそれまでの発言を読んでみると、「おれはたいしたことないなあ」とな

やみを書いていました。そう、この人は自分に自信がないので、他人にも「たいしたことない」と悪口を言ったんですね。

つまり、悪口を人に言っているようで、本当は自分自身に言っていたのです。

そう考えると、悪口というのは鏡のようなものです。「自分はたいしたことない」と思う人は、他人に「たいしたことないね！」と言うし、「自分はバカだ」と思う人は、他人に「バカ！」と言うのです。

人の悪口ばかり言う人は、本当は、なやんで苦しんでいるのかもしれませんね。

悪口を言うと本人に伝わる

あなたに向かって「バカ！」と悪口を言う人がいたら、ほうっておくに限ります。では、こんな場合はどうでしょう。

友だちのAさんが、別のBさんのことを、「あの子、バカだね」と言いました。Bさんはよく物をなくすらしいのです。教科書も何度もなくして、新しく買い直したとか。

「ねえ、バカでしょう」

そう言われて、つい、「うん、そうだね」と答えそうになります。でも、ちょっと待った。

そこで賛成してはいけません。

どうしてでしょうか。人の悪口を言うのはよくないことだから？　もちろん、そうですが、それだけではありません。

人の悪口を言うと、必ず本人に伝わってしまうからです。しかも、ゆがんだ形で。

Aさんは、ほかの友だちにも同じように「Bさんはバカだね」と言うかもしれません。その

とき、あなたがAさんに賛成していたことも話してしまうかも。

それを聞いた友だちは、あなたがBさんの悪口を言っていたと、Bさん本人に伝えるかもしれません。あなたは、Aさんに調子を合わせただけだったのに。

こんなふうに、人の悪口を言うと、必ずどこかで本人に伝わります。こわいですね。

友だちの悪口が言いたいときは、おうちの人に聞いてもらいましょう。おうちの人に言いたくなかったら？　うーん、そのときは、ペットに聞いてもらいましょう。

「お茶づけでも」と言われたら

昔の京都の人は、本心とちがうことを、わざと言うことが多かったそうです。

落語に「京の茶づけ」という話があります。それによると、京都では、お客さんが帰りかけた時、家の女性がこう言います。

「まあまあ、もうお帰りどすか、ちょっとお茶づけでも……」

つまり、「お茶づけでも食べて行ってください」と親切にすすめてくれるわけです。

でも、それを聞いて「そうですか、では、いただきましょう」とすわり直してはいけません。

「ちょっとお茶づけでも」は、口だけのあいさつ、おあいそです。本当に食べさせるつもりはありません。もし、お客が「いただきましょう」と返事をしたら、「あつかましい人」と思われてしまいます。

京都の人が、本心をそのまま言わない例は、今もいろいろと伝えられています。

たとえば、あまり美人でない人に対しては、「きれいなおべべ（着物）どすなあ」とほめる

のだそうです。これは、「顔はきれいではないけどね」というのが本心です。

あるいは、となりの家の人に「お宅のお子さん、ピアノ上手にならはったなあ（なりましたね）」と言う人も。これは「音が大きくてうるさいですよ」の意味だとか。

そんないじわるな言い方をする人が、本当に京都に多いのかどうかは分かりません。あくまでもうわさです。でも、もしそんないじわるを言われたら、こわいですね。

「考えときます」って本心？

京都では、本心ではないのに、お客に「お茶づけでも食べて行って」とすすめることがありました。そんなふうに、本心が分からない言い方は、京都以外にもあります。

大阪の商売人は、相手に頼《たの》みごとをされたとき、次のように答えます。

「ほな、考えときますわ」

よかった、考えてくれるんだな、と相手はほっとします。でも、何日かして、「先日お願いした件はどうなりましたか」と尋《たず》ねると、また「考えときますわ」と言われます。

つまり、「考えときます」というのは、「だめ」の意味なんですね。考えるけど、やらない、ということ。それに気づかない人は、何度もむだに訪問することになります。

一方、大阪の人は、こんな答え方をすることもあります。

「考えさしてもらいますわ」

このように「さしてもらう」がつくと、少しはＯＫする可能性がある、という人もいます。

すごく微妙《びみょう》なちがいですね。

相手をきずつけたくないときには、あいまいな言い方をすることがあります。「考えときます」も、もともとは相手への思いやりから生まれたことばです。

大阪以外でも、「考えておきます」に似た言い方は使われています。たとえば、政治家が「前向きに検討します」と言うことがあります。これは「やりません」の意味になる場合もあるようです。

「もう5時だ」と言われたら？

休みの日、友だちがあなたの家に遊びに来てくれました。そろそろ夕方になり、友だちがこうつぶやきました。

「あ、もう5時だ」

こんなとき、どう答えますか。「5時だね。じゃあ、テレビ見ようか？」と、遊ぶ気まんまんで言う場合もあるでしょう。でも、友だちはもう帰りたいのかもしれません。

帰りたいのなら、「もう帰るよ」と言えばいいはず。でも、「こんなこと言ったら悪いな」「失礼だな」と思うとき、人は、はっきり言わずに、気持ちを伝えようとします。

「もう5時だ」と言われたときは、「そろそろ帰る？」と聞いてあげるのが思いやりです。そして、「ううん、まだだいじょうぶ」と言われたら、遊んでもいいのです。

みんなが集まって食事をしているとき、ひとりだけがずっと話していて、ほかの人が帰りたくても帰れないことがあります。どう言えば気持ちよく帰れるでしょうか。

「いやあ、それにしても、今日は本当に楽しかったね。またこうして話したいね」

こんなふうに、タイミングを見計らって言うと、もう話が終わったようなふんいきになります。これで帰りたい気持ちが伝わることがあります。

でも、うまくいかずに、「本当に楽しいね。もっと話そう」と言われてしまうかもしれません。そのときは、はっきり「もう帰らないと」と言うしかありませんよね。

本当にお願いしていいのかな？

大人は、人とつき合うために、いろいろなあいさつのことばを用意しています。

たとえば、引《ひ》っ越《こ》しをしたときは、知り合いの人たちに、こんなはがきを出します。

「近くにお越しの際は、ぜひお立ち寄りください」

でも、はがきを見た知り合いがみんな訪ねて来たら、本人は困ってしまうでしょう。「近くにお越しの際は……」というのは、あくまで、つき合いのためのあいさつです。これを「社交《しゃこう》辞令《じれい》」（外交辞令《がいこうじれい》）と言います。

社交辞令は、けっしてうそではありません。でも、相手がまったくそのことばのとおりにすると、自分が困ってしまいます。

逆に、自分が相手からことばをかけられたとき、「これは社交辞令じゃないのかな」と思ってしまうこともあります。

たとえば、新しく引っ越して来たばかりの土地では、何もかも分からないことだらけです。

そんなとき、近所の人が、「困ったときは、何でも聞いてください」と言ってくれることがあります。でも、分からないことがあるたびに聞きに行ったら、その人にとって迷惑《めいわく》ですね。

ただし、本当の本当にお願いしたいことがあるならば、迷う必要はありません。

「おいそがしいところすみませんが、ちょっと教えていただけませんか」

こんなふうに礼儀《れいぎ》正《ただ》しく言えば、相手はこころよく助けてくれるでしょう。

苦しいのに「だいじょうぶ」

授業中、あなたのとなりにすわっている子が、赤い顔をして目を閉じています。心配になって、「どうしたの？　だいじょうぶ？」と聞くと、その子は答えました。

「うん、だいじょうぶ」

でも、どう見ても、その子は熱がありそうです。だいじょうぶじゃありません。

また、友だちと何かしゃべっていた子が、あとでひとりになったとき、暗い顔をしていました。けんかでもしたのかな？　声をかけると、こんな答えが返ってきました。

「なんでもないよ」

だれでも、周りの人に迷惑《めいわく》をかけたくない気持ちを持っています。それで、困ったときでも、「だいじょうぶ」「なんでもないよ」と言ってしまうことがあります。

相手にそう言われると、つい信じてしまいます。相手が困っているなんて、気のせいであってほしいからです。よけいなことはせず、ほうっておいてあげようか。

でも、ちょっと待って。「だいじょうぶ」「なんでもない」と言われたとき、相手のことばだけでなく、様子にも注意してください。本当は助けが必要なのかもしれません。

授業中、苦しそうにしている子がいたら、迷う必要はありません。「○○さんが苦しそうです」と、先生に知らせてください。

本当にだいじょうぶだったとしても、かまいません。大変なことになるより、少しぐらいおせっかいなほうがいいのです。

第6章

◆国語辞典の楽しみ◆

スマホの辞書を使っていいの？

あなたは国語辞典をよく使っていますか。勉強をするときは使いますね。それ以外のときはどうかな？

「辞書はあまり使わない」と言う人もいるかもしれません。分からないことばは、スマートフォンを使って、インターネットで調べる人も多くなってきました。

でも、スマホで調べて出てくる説明も、もともとは紙の辞書のものであることが多いのです。つまり、ことばをスマホで調べている人も、実は辞書を使っているんですね。

大人の中には、「ことばはスマホで調べてはだめ。紙の辞書を使いましょう」と言う人もいます。でも、私は、スマホの辞書だって悪くないと思います。

私がほかの先生といっしょに作っている国語辞典も、紙の本と、スマホで使えるアプリと、両方あります。内容は同じ。スマホの辞書は、どこへでも持って行けて便利です。

紙《かみ》の辞《じ》書《しょ》をひく。
国語辞典
辞書アプリ
スマホの辞《じ》書《しょ》で検《けん》索《さく》する。
わからないことばにあったとき
生《い》き字《じ》引《びき》にきく。
ふとんをかぶってねちゃう。

　ただ、スマホの辞書は、大人のためのものが中心です。子ども用の辞書が増えていくのは、まだ先のことになりそうです。

　それから、スマホで使える辞書には、だれが作ったのかよく分からない、不十分なものもあります。私たち専門家が作ったものは、自信を持っておすすめできます。

　私たちは、スマホやパソコンで使いやすい辞書を作る努力をしていきます。あなたにも、紙の辞書とスマホの辞書と、両方をうまく使い分けてほしいのです。

辞書はどうやって新しくする？

『広辞苑《こうじえん》』という有名な辞書があります。両手で持ち運ぶような大きくて重い辞書で、約25万語ものことばが入っています。これも国語辞典のひとつです。

この『広辞苑』が２０１８年、10年ぶりに改訂《かいてい》されたことがニュースになりました。改訂とは、本の中身を新しくすることです。新しい『広辞苑』には、「いらっと」「上から目線」「自撮《じど》り」などのことばが加わりました。

『広辞苑』に限らず、辞書は、何年かたつと改訂版というのが出ます。私が作っている『三省《さんせい》堂《どう》国語辞典』もそうです。いちばん最近の改訂では、「W」という文字に「笑い」という意味がつけ加えられました。

辞書に新しくのせることばは、新聞やテレビをじっくり見たり、インターネットを観察したりして集めます。私は、街を歩くときも、看板《かんばん》の文字などに注意しています。そうして、何千、何万ということばを集めます。

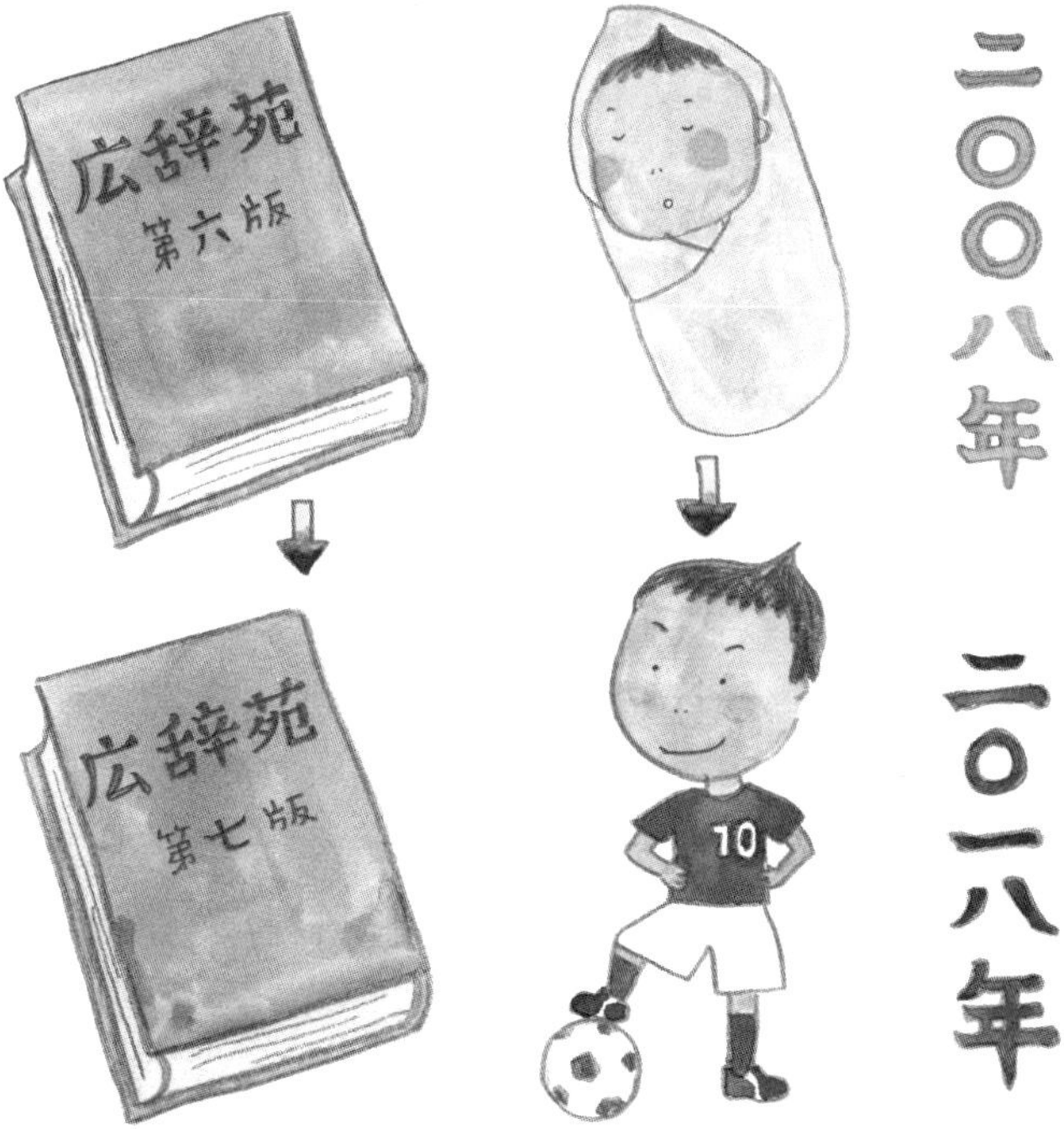

改訂をするときは、今、辞書にのっている説明を見直すことも大事な作業です。もし、分かりにくい説明や、不十分な説明があったら、よりよい説明に書きかえます。

こうして、辞書は時代に合った新しいものに生まれ変わります。改訂は、辞書を今までよりもよくしていくための作業です。

古い辞書をずっと使っている人もいます。ものを大事にするのはいいことですが、新しい辞書も使ってほしいのです。どこが変わったか、比べてみるのも面白いでしょう。

国語辞典はみんなちがっている

一口に国語辞典といっても、いろいろな出版社から、いくつもの辞書が出ています。なぜ、こんなにたくさんあるのでしょう。

その答えは、実際に国語辞典の内容を比べてみると分かります。それぞれの辞書に書いてあることは、同じではありません。

たとえば、小学生用の辞書Aで「ねこ」を引いてみます。「家の中で昔から人に飼われてきた動物」とあります。たしかにそうです。でも、ちょっと簡単な気もします。

一方、辞書Bでは「昔から人に飼われている動物の一つ。つめがするどく、よくねずみをとる。ペルシャねこ・シャムねこなど種類が多い」。くわしいですね。ならば、辞書Bを買ったほうがいいのでしょうか。

まあ、待ってください。今度は「かたい」ということばを引いてみましょう。

辞書Bでは、「固《かた》い・堅《かた》い・硬《かた》い」が同じ項目《こうもく》で説明してあって、漢字によって意味がどう

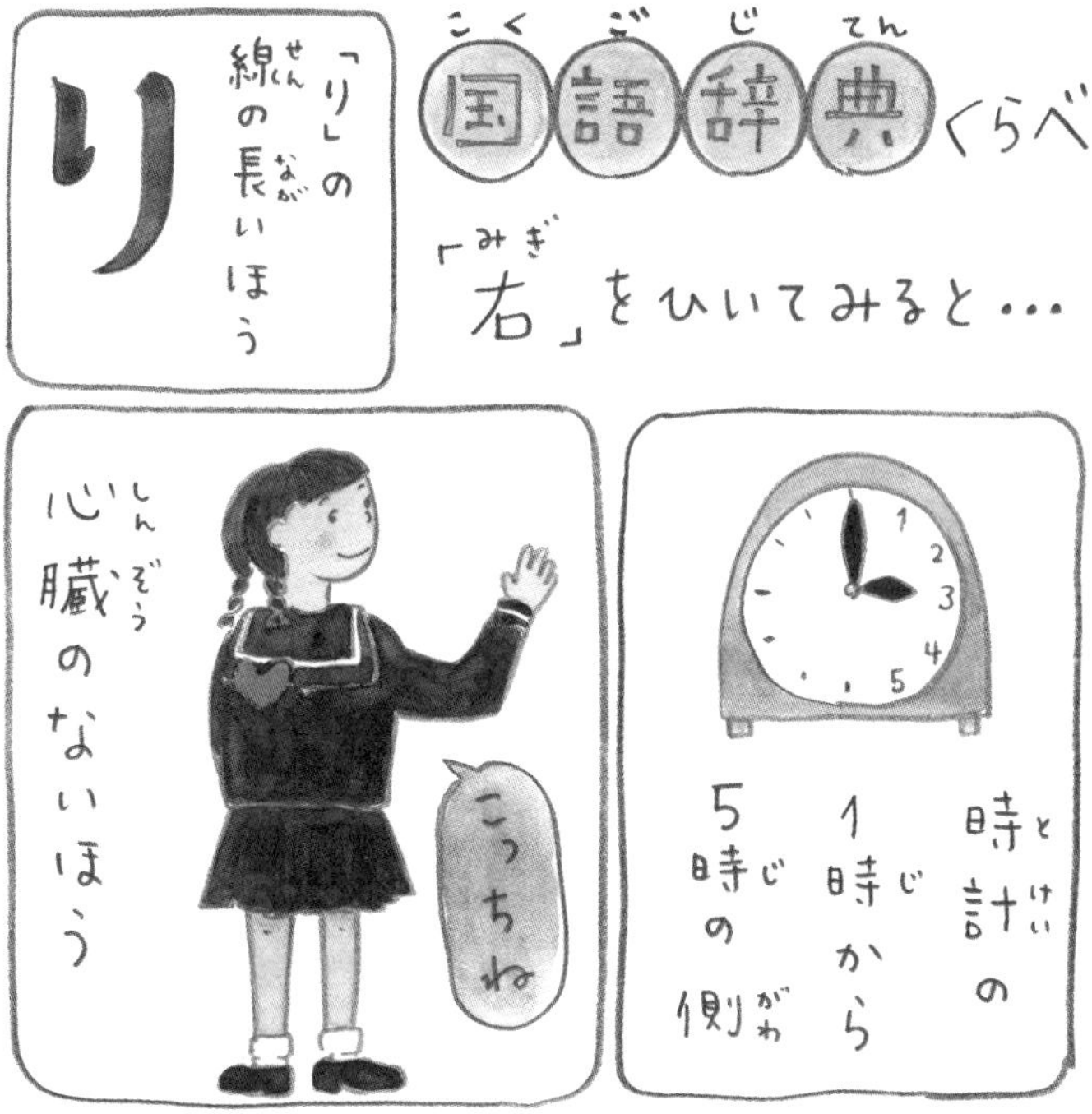
国語辞典《こくごじてん》くらべ
「右《みぎ》」をひいてみると…
り
「り」の線《せん》の長《なが》いほう
心臓《しんぞう》のないほう
こっちね
時計《とけい》の1時《じ》から5時《じ》の側《がわ》

ちがうのか、よく分かりません。

一方、辞書Aでは、「固い」は「物がしっかりしていて、形がくずれない」、「堅い」は「(材木などが) 質が丈夫《じょうぶ》で、切る・折る・曲げるなどしにくい」、そして「硬い」は「(金属や石などが) 傷がついたり、へこんだりしない」と、ちがいをよく説明しています。

つまり、国語辞典によって、役に立つ部分がちがうのです。辞書というのは、みんなちがっていて、それぞれにいいところがあります。ぜひ見比べてみてください。

酒屋さんの前に丸いものが！

私は、国語辞典を作るために、街の中のものを観察することがよくあります。あなたも、自由研究をするつもりで、いっしょに外に出て歩いてみましょう。

家の外は、めずらしいものに満ちています。名前が分からないものもあります。

商店街の酒屋さんの前に、茶色（時期によっては緑色）の大きな玉がつるしてあります。植物の葉のようなものを集めて、ボール形にしたものです。これは何でしょう。

名前が分からなければ、インターネットで調べましょう。「酒屋　丸い」と入力して検索《けんさく》すると、「杉玉《すぎだま》」というものが出てきました。そう、これです。

寒くなったころ、酒屋さんでは、スギの葉をたばねて作った「杉玉」を、のき先につり下げます。これは「今年の新しいお酒ができましたよ」と知らせるためのものです。

また少し歩くと、工事現場に、三角のとんがりぼうしのようなものが置いてあります。赤い色をしています。これは何でしょう。

※ドリブルの練習用《れんしゅうよう》ではありません。
杉玉《すぎだま》
ロードコーン
※ヘディングの練習用《れんしゅうよう》ではありません。

「工事現場　三角」で検索すると、分かりました。「ロードコーン」「パイロン」などと呼ばれるものです。「ここから工事現場です」と知らせて、注意するものです。

　よく見かけるけれど、名前が分からないものは、ほかにもたくさんあります。街に出て、いろいろな「名前不明」のものを見つけましょう。そして、何と呼ばれているのかをつきとめ、その役目や使い方を調べるのも、ことばの勉強です。

面白い文字、ふしぎな文字

街の中では、いろいろなものが観察できます。私は、国語辞典を作るために、街の中で「どんな文字が使われているか」ということにも注目しています。あなたも街に出かけて、看板《かんばん》やポスター、立てふだなどの文字を観察してみましょう。

私の好きな看板のひとつは、ある駅前の店のものです。「珈琲《コーヒー》の店」と書いてあります（「珈琲」は「コーヒー」の当て字）。

看板屋さんが、プレートをていねいに文字の形に切って、はりつけています。赤くて太い文字で、おしゃれというよりは、ちょっとださい感じです。そこが、昭和の感じを出していて、面白いのです。

こんなふうに、自分の注意をひく文字を、街の中から集めます。写真にとってもいいし、スケッチするのもいいでしょう。

中には、読めない、ふしぎな文字もあります。たとえば、おそばやさんの看板に「生そば」

と書いてあります。3文字目は「む」にもにています。何と読むのでしょう。

じつは「生《き》そば」です。「きそ」の部分は、「楚者《そは》」を略した、昔のひらがなです。

もし、読めない文字があったら、お店の人に読み方を聞いてみましょう。直接インタビューしてみるのも大事です。

お店の人も読めなかった場合は、インターネットの力を借ります。「そば屋　読めない文字」のように入力して検索《けんさく》すると、くわしい情報が見つかるかもしれません。

知らないことばを街で集めよう

街の中はめずらしいものに満ちています。名前の分からない道具、面白い文字などがたくさんあって、興味がつきません。

私の場合、街の中で「おやっ？」と足を止めることが一番多いのは、知らないことばに出合ったときです。

国語辞典を作っている私でも、自分のまだ知らないことばが、街の中でたくさん見つかります。そのたびに、そのことばの書かれた看板《かんばん》やポスターを写真にとったり、ノートにメモしたりします。

たとえば、焼き肉屋さんの前を通ると、牛やブタの肉の種類が書いてあります。その中に「ザブトン」という肉がありました。牛の肩《かた》の一部です。座るときにしく、あの座ぶとんの形から来ているらしい。面白いな。

また、カレー屋さんの看板に、「パンダ豆とジャガイモのカレー」と書いてありました。パ

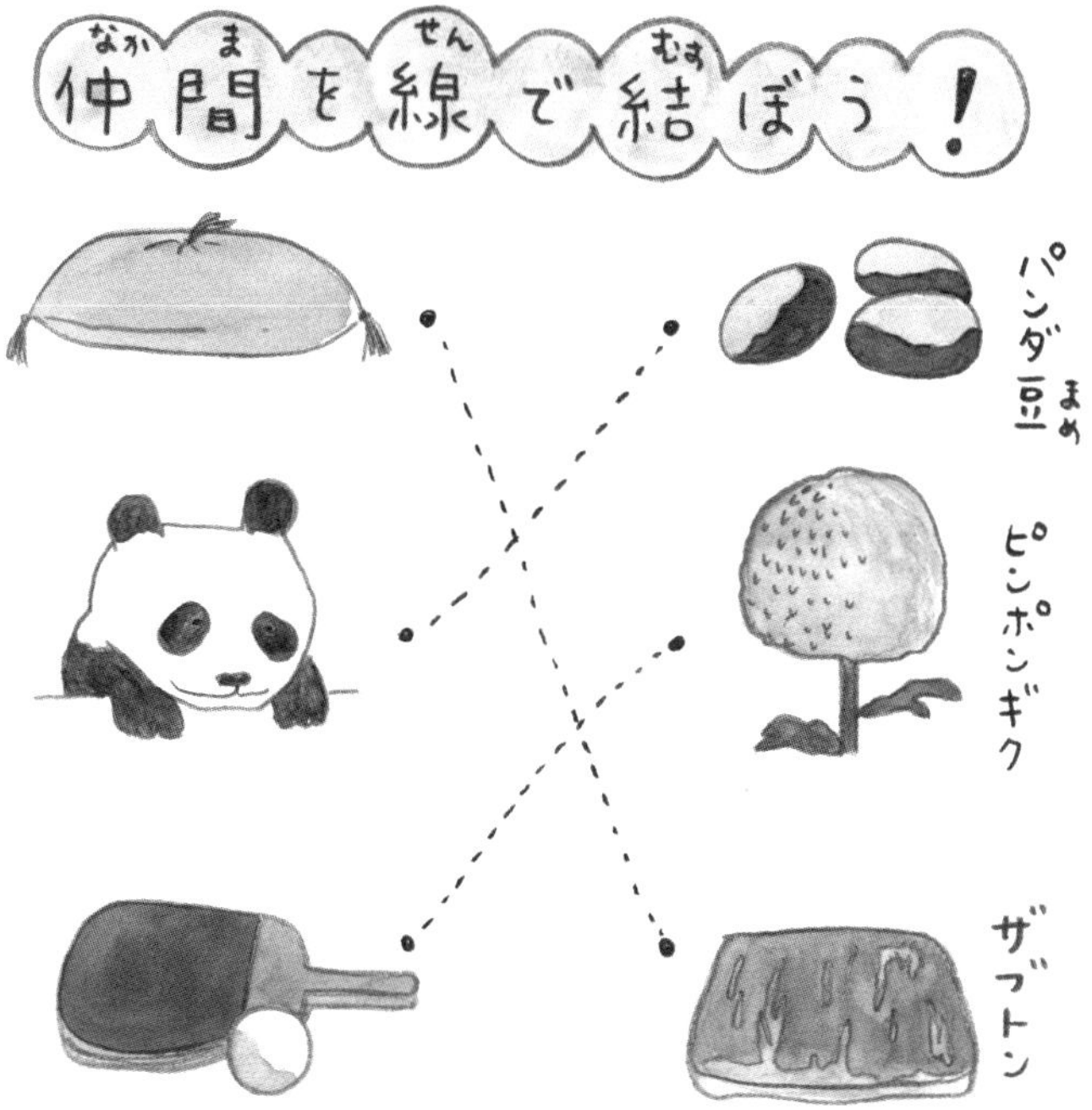

パンダ豆って何？ 写真で見ると、つぶの表面に、黒い部分と白い部分があります。パンダそっくりだから、こう言うんですね。

花屋さんに行くと、「ピンポンギク」という花が置いてありました。その名のとおり、卓球《たっきゅう》に使うピンポンだまにそっくりの、かわいい丸い花です。

私の場合は、こうして集めたことばの中から、国語辞典にのせることばを選びます。あなたも、辞書を作るつもりになって、街でことばを集めてみませんか。ことばのコレクションって、とても楽しいですよ。

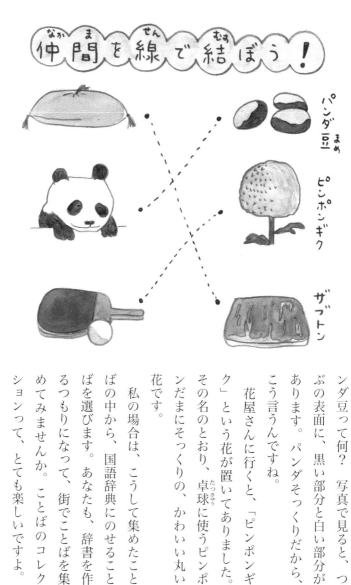

街の中で省略されることば

国語辞典を作るために、街の中にことばを集めに行って気づくのは、「省略されることばが多いなあ」ということです。

たとえば、「オム」。これは何のことでしょう。「オム」だけで使うこともありますが、「オムカレー」のように、ほかのことばにくっつけて使うこともあります。

そう、オムレツのことです。カレーライスのライスをオムレツで包むのが「オムカレー」。以前から、「オムライス」はありました。ケチャップライスをオムレツで包むものです。それが、今では、「オムカレー」「オムハヤシ」のように、「オムレツ」を「オム」と省略して使うことが多くなりました。

では、「デミ」は何でしょう。デミヒューマン（人間に似た生物）だと思う人もいるかもしれませんが、それではありません。

これもやはり、食べ物に関係があります。「デミシチュー」「デミ煮《に》こみハンバーグ」のよう

に使います。

答えは、デミグラスソースです。こげ茶色の、どろっとしたソース。長い名前なので、料理名では「デミ」と省略することが多くなりました。

「オム」「デミ」は、まだ辞書にないと思いますが、そのうちのるでしょう。辞書にのるかもしれない省略語は、このほかにもたくさんあります。街の中を注意してさがせば、あなたにも見つけられるはずです。

街にはユーモアがあふれている

街の中でいろいろな看板《かんばん》やポスターなどを観察していると、思わず笑ってしまうことばに出合うこともあります。

あるとき、銀座《ぎんざ》を歩いていたら、デパートのかべにこんな広告が出ていました。

「4丁目で愛ましょう」

ふと足を止めました。「会い」の部分が「愛」という漢字になっています。つまり「銀座4丁目でデートしましょう」という意味。漢字を使ったユーモアのあるしゃれです。

「曇天《どんてん》に笑う」という、福士蒼汰《ふくしそうた》さん主演の映画が公開されていたときのこと。駅の地下で、こんなポスターを見つけました。

「天曇《てんどん》に笑う」

これは、天丼屋《てんどんや》さんのポスターでした。「曇天」（くもり空）という漢字の前後を入れかえて、「天丼」とかけてあるのです。「どんな映画やねん！」とつっこみたくなります。

別の街で、こんな看板を見つけました。

「一期一笑《いちごいちえ》」

これは「一期一会《いちごいちえ》」をもじったものです。「一期一会」とは、茶道のことばで、一生に一度と考えなければならないほど、大切な出会いのことです。それが、「一生に一度の笑い」という看板になっています。

これらのことばは、国語辞典にのせることはできません。でも、「ことばって面白いなあ」と、あらためて考えるきっかけになります。街を歩きながら、街のユーモアにも注目してみてはどうでしょう。

第7章

◆ことばは変わる◆

「ふんいき」って何だろう

「おしゃれなふいんきの店」という言い方を聞いて、どう感じますか。

「えっ、『ふいんき』？　それを言うなら『ふんいき』じゃないの？」

そんな疑問がうかんだ人は、ことばに対する注意力が高い人かもしれません。

以前は、だれもが「ふんいき」と言っていました。それが、何十年か前から、「ふいんき」と言う人がふえてきました。私も、子どものころに、友だちが「ふいんき」と言うのを聞いたことがあります。

「ふんいき」は、漢字では「雰囲気」と書きます。難しいですね。「雰囲」とは「もやもやと取りまくもの」という意味で、つまり、地球を取りまく大気のこと。「雰囲気」も同じで、やっぱり大気のことでした。

それが、いつの間にか、「その場の感じ、ムード」という意味で使われるようになりました。「明るいふんいきの教室」とか、「ふんいきが出ない」とか言いますね。

今では、「ふんいき」のもとの意味は忘れられてしまいました。「雰囲」と「気」が合わさってできたことばだなんて、あまり意識しない人がほとんどでしょう。

どうして「ふんいき」が「ふいんき」になったのでしょうか。漢字を知らない人が耳だけで聞くと、「ふんいき」と「ふいんき」は、とてもよくにています。それで、聞きちがえる人が多いんですね。将来は「ふいんき」がふつうになるかもしれません。

ふいんき？
ふんいき？
どっちだったっけ？
ふむ。まよったときは「ふんんき」といっておけばごまかせるのじゃ。
学問《がくもん》の神《かみ》さま

「あたらしい」は新しい形

「ふんいき」ということばを「ふいんき」と言う人が多くなりました。こう言うと、「たいへんだ、日本語がこわれてしまう！」と思う人がいるかもしれません。

でも、心配しないでください。にたようなことは、昔からよくあることです。

「できたばかり、まだ古くない」という意味で、私たちは「新《あたら》しい」と言います。でも、大昔の奈良時代には、「あらたし」と言っていました。今でも、「新しく」という意味で「あらたに」と言うでしょう。「あらた」は、大昔から使われていました。

ところが、次の平安時代には「あらたし」が「あたらし」になりました。「た」と「ら」の順番が入れかわっていますね。つまり、「あらたし」に比べれば、「あたらし」は新しい形です。それが変化して、今では「あたらしい」になりました。

「ふんいき」が「ふいんき」とも言われるようになったのと、よくにています。

冬になると、サザンカという赤い花がさきます。「サザンカ」も、もとは「サンザカ」と言っていました。漢字では「山茶花」と書きました。それが、長い間に「ザ」と「ン」の順番が入れかわったのです。

　ことばは、時代とともに変わります。最初は変な言い方だと思われていたことばが、いつの間にかふつうになることもあります。だから私は、古い言い方も、新しい言い方も、両方大切にしたいのです。

うちのおばあちゃん、
「あたらし」のこと
「あらたし」というの。
うちのおじいちゃんは
「あきばばら」を
「あきばはら」と
いってたなあ。
平安時代《へいあんじだい》の女《おんな》の子《こ》
現代《げんだい》の女《おんな》の子《こ》
秋葉原
AKIHABARA

とてもできる？ できない？

ことばが時代とともに変わる例として、よく話題になるのは「とても」です。

今、あなたは「勉強がとてもできる」という言い方を変だとは思わないでしょう。「とても」は「非常に」の意味を表します。

ところが、100年ほど前の大正時代、作家の芥川《あくたがわ》龍《りゅう》之介《のすけ》は、「とても安い」「とても寒い」という言い方は新しいと書いています。それより前の時代には、「とてもかなわない」「とてもまとまらない」のように、「とても〜ない」の形で言ったというのです。

つまり、大正時代よりも前は、「勉強がとてもできる」とは言わず、「ぼくには、そんなことはとてもできない」と言っていたんですね。この場合の「とても」は、「どうしても」「とうてい」という意味を表します。

こんな話を聞くと、「じゃあ、これからは『とてもできない』と言おう、『とてもできる』とは言わないようにしよう」と思うかもしれません。でも、その必要はありません。

もっと古い時代、室町時代には、「とても」は「どうせ」の意味で使っていました。たとえば、「とても散るべき花」と言えば、「どうせ散る花」という意味です。

ことばを昔の意味だけで使おうと思ったら、現代では暮らせなくなってしまいます。「昔はどうだったか」を知ることは大事ですが、「現代ではどう使われているか」を理解することも大事です。現代の人は、ことばを現代の意味で使うのが一番いいのです。

「全然ＯＫ」と言っていい？

「今日、遊びに行っていい？」と友だちに聞かれて、「全然ＯＫだよ」と答えることがありますね。この場合、「全然」は、「まったく問題なく」という意味を表します。

この「全然」の使い方はまちがっている、と言われたことはありませんか。「全然」は、「全然知らない」「全然面白くない」のように「全然〜ない」の形で使わなければならない、と考えている大人が多くいます。

たしかに、作文を書くときは、「全然〜ない」という使い方がふつうです。この場合、「全然」は「少しも」の意味を表します。

でも、「全然」には、昔から別の使い方もありました。今から１００年以上前の明治時代、作家の夏目《なつめ》漱石《そうせき》は、「坊《ぼ》っちゃん」という小説の中で、「生徒が全然悪いです」と書いています。ここでは、「全然」は「完全に」の意味を表します。漱石は「生徒が完全に悪いです」という意味で書いたのです。

今でも、「かぜをひいて、鼻が全然つまっちゃってる」と言います。この場合も「完全に」という意味です。

ひとつのことばに、いろいろな使い方があるのは当たり前です。「ひとつの意味以外はまちがい」と考えてはいけません。

「全然」にも、「全然〜ない」以外の使い方がいろいろあります。「全然ＯＫ」「全然だいじょうぶ」などは、話しことばではごくふつうの言い方です。作文には使いませんが、まちがいではないのです。

「花」は「鼻」と関係があるの？

毎日使っていることばなのに、ふと、「どうしてこう言うようになったんだろう」と、疑問を持つことがあります。

たとえば、「『花』はどうして『はな』と言うんだろう。『鼻』と関係があるのかな」。つまり、語源《ごげん》についての疑問です。

そう言えば、「芽が出て、葉が出て、花がさく」と言います。これは、「目、歯、鼻」と関係があるのかも？　そんなことを考えたことはありませんか。

答えを言えば、「花」と「鼻」は関係がありません。語源がちがうのです。

「花が」「鼻が」

と言ってみてください。現在の東京のアクセントだと、「花が」の「が」は低く発音します。

一方、「鼻が」の「が」は「な」と同じ高さで発音します。

昔も、このように、「花」と「鼻」では発音のしかたがちがったと考えられています。とい

あなたたちもハナさんなの?
うん。語源《ごげん》は
ちがうけどね

うことは、もともと同じことばではなかったと考えるのがいいでしょう。

「葉」と「歯」もアクセントがちがい、語源もちがったと考えられます。「目」と「芽」の関係は不明です。

　では、「花」の本当の語源は何かというと、はっきりしたことは分かりません。語源を確かめるのは難しいのです。

「語源は分かりません!」と言うだけでは、がっかりですよね。次は、確かに分かっている、語源の話をしましょう。

「背広」はどうしてセビロなの？

「このことばには、こんな意外な語源《ごげん》があるんです。知ってましたか？」

クイズ番組でよく聞くフレーズです。専門の目から見ると、「テレビの説はあやしい」と思うこともあります。面白くしようとして、うその話を紹介《しょうかい》することがあるんです。

では、今から紹介する語源は、本当のことでしょうか。

男性の会社員の服のことを「背広《せびろ》」と言います。今では「スーツ」が一般的ですね。この「背広」は、もともと日本語ではなかったと言うと、驚《おどろ》く人も多いのでは？

昔のこと。横浜《よこはま》の港に入ってくる外国の船の乗組員たちは、船では船員服、上陸すると私服を着ていました。その私服を英語で「シビル・クローズ」(市民服)と言ったそうです。これが「シビル服」「セビロ服」と呼ばれるようになったというのです。

つまり、「背広」は、もとは英語だった。この説は、昔から多くの研究者が賛成しています。

日本語かと思ったら、意外な語源にたどり着きました。

ところが、これに反対する意見もあります。「ふつうに『背の広い服』の意味だ」という説もあるし、私が大学で教わった先生は、中国語とも関係があると考えています。

あれあれ、確かに分かっている語源の話をするはずだったのに、最後はあやふやになってしまいました。もっとほかに、確かで面白い語源はないか、探してみます。

背広《せびろ》の語源《ごげん》？

「辛え」から「カレー」って本当?

昔から、ことばの由来をダジャレで説明することがありました。「絶対、それはうそだ」と、だれもが分かるような説明です。

「カレーライスの『カレー』は、『辛《かれ》え』（からい）から来ているんだよ」

カレーを食べながら、そんなことを言う人がいます。「ばかばかしい話をしないで」と、だれも本気にしません。

でも、日本を代表する学者がそう言っていると知ったら、あなたはどう思いますか。すぐれた言語学者の大野《おおの》晋《すすむ》さん（もう亡くなった人です）は、「『カレー』と『からい』は関係がある」と本に書いています。

大野さんは、日本語の歴史を深く研究しました。その結果、ずっと昔の日本語は、インドの南部のことばであるタミル語と関係があると考えました。

英語の「カレー」は、古いタミル語で「からい」を表す「カール」から来ています。大野さ

タミル語《ご》を話《はな》す南《みなみ》インドのカレーは、こんな感《かん》じ。
女《おんな》の人《ひと》はサリーを着《き》ています。
右手《みぎて》の指《ゆび》で食《た》べます。
いろんなカレー
ごはん
せんべい
おつけもの
カレー
カレースープ
お皿《さら》はバナナの葉《は》っぱです。

んによれば、これが昔の日本語に入って「からい」になったといいます。

私はこのことを知って驚《おどろ》きました。

でも、残念ながら、この説に賛成する学者は多くありません。さすがの大野さんでも、認めてもらえないことがあるのです。

現在のところは、「カレー」と「からい」に関係があるかどうかは不明です。せっかく面白い語《ご》源《げん》を知ったと思ったのですが、確かとは言えないようです。面白い語源探しは、ここでやめるわけにはいきません。

「ブドウ」は日本語じゃなかった？

果物《くだもの》のブドウは、実を食べるだけでなく、ジュースやワインとしても愛されています。この「ブドウ」の名はどこから来たのでしょうか。

英語ではないですよね。ブドウは英語で「グレープ」と言います。

それなら、昔から日本語だったのでしょうか。いいえ、ちがいます。日本語では、ブドウのことを、もともとは「えび」と言いました。ブドウのつるの巻き方が、海のエビのひげに似ていたからだと考えられます。

ブドウは漢字で「葡萄」と書きます。漢字の音読みです。漢字はもともと中国のものです。

それならば、「ブドウ」は中国語でしょうか。いいえ、やはりちがいます。

ブドウの原産地は中央アジアです。大昔、この地方で、ブドウのことを「ブダウ」に近い発音で呼んでいました。それが中国に入り、漢字で「葡萄」と書かれ、さらに日本に入って「ブドウ」と呼ばれました。

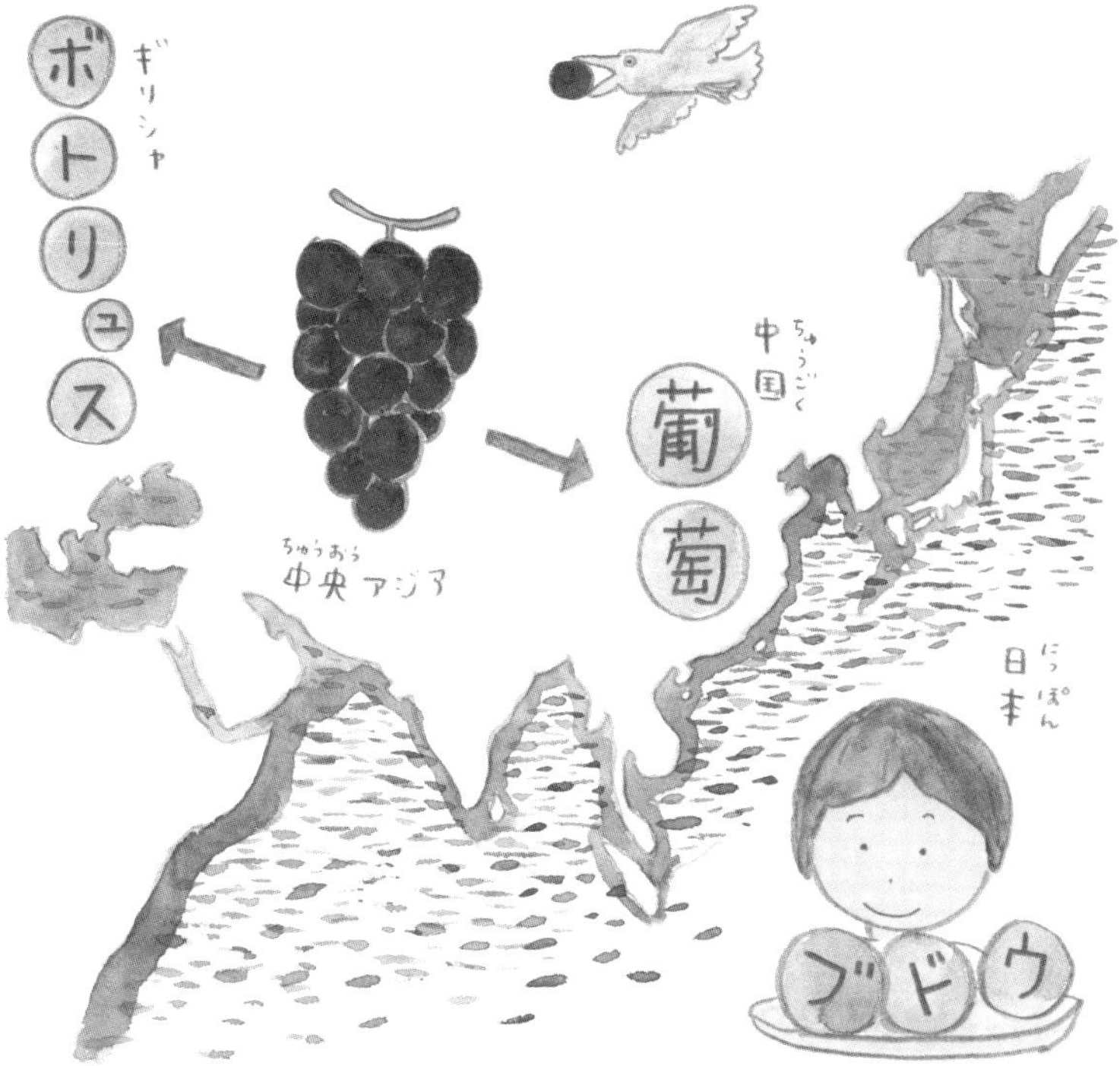

古いギリシャ語では、ブドウのことを「ボトリュス」と言います。この「ボト」の部分も、「ブダウ」と関係があります。

つまり、大昔の中央アジアのことばが、東西に伝わったわけです。

日本語の由来を調べると、いろいろ驚《おどろ》くことがあります。その中で、「ブドウ」の語源《ごげん》は、私には一番意外です。こんなに遠い地域のことばとつながっていたとは！　意外で面白い語源のチャンピオンです。

「そんたく」するのはいいこと？

「そんたく」ということばを聞いたことがあるでしょう。２０１７年になって、大人たちが急に多く使うようになったことばです。

たとえば、テレビ局が考え方の古い番組を作ったとします。原因は、部下が「そんたく」をして、社長の趣味に合わせたためだった――と、こんなふうに使います。

つまり、自分より上の人におべっかを使おうとして、上の人の気持ちを想像して行動することを「そんたく」と言うのです。

上の人に気に入られることばかり考えていては、いい仕事はできません。「そんたく」をしすぎるのは、よくないことです。

でも、「そんたく」というのは、もともと、単に他人の気持ちを想像することでした。「友人の気持ちをそんたくする」などと、「思いやる」に近い意味で使っていました。

漢字では「忖度」と書きます。「忖」は「人の気持ちをおしはかる」、「度」も「はかる」と

いちごラーメンができました！
わしはいちごが好《す》きじゃ
と王《おう》さまがおっしゃるので
そんたく
しました。

いう意味です。漢字は難しいけれど、意味はそんなに難しくはありませんでした。

ところが、「そんたく」は現在、「どうしたら上司にほめられるかな」と考えるという意味に変わってしまいました。

「そんたく」は、もともとは悪い意味ではなかったのですが、今では悪い意味になってしまいました。ですから、「友だちの気持ちをそんたくしなければ」と言ったら、誤解されてしまうかもしれません。

君はインフルエンサー？

「このノート、かわいいでしょう」

「近くでこんなイベントやるんだって。みんなでいっしょに行かない？」

あなたの友だちの中に、こんなふうにいろんな情報にくわしくて、みんなに紹介《しょうかい》してくれる人がいるでしょう。その人は「インフルエンサー」かもしれません。

「インフルエンサー」とは、「影響《えいきょう》をあたえる人」という意味の英語です。新しいことを取り入れたり、新しいことを考えたりして、周りの人に影響をあたえるのです。

このことばは、日本ではインターネットのＳＮＳ（交流サイト）で広まりました。インフルエンサーが紹介した商品が、飛ぶように売れる、ということがよくあります。

２０１７年、乃木坂《のぎざか》46が「インフルエンサー」という歌をヒットさせました。歌の中では、「僕《ぼく》」の好きな子が、「僕」に影響をあたえてる、と歌われています。これで初めて、このことばを知った人もいるでしょう。

「インフルエンサー」は、病気の「インフルエンザ」と発音が似ています。じつは語源が同じです。「インフルエンザ」は、本来イタリア語で「影響」という意味でした。

私たち国語辞典を作っているメンバーは、この先も使われそうな「今年の新語」を毎年発表しています。17年は、「そんたく」などとともに「インフルエンサー」も選ばれました。覚えておいて損はないことばです。

「映え」から生まれた「ばえる」

「ばえる」ということばを、あなたは使いますか。しゃれたお店や、色のきれいなおかしなどを見て、「あー、ばえるねー」「うん、ばえる」と言う人が多くなりました。

もともと、SNSのインスタグラム(インスタ)に投稿《とうこう》した写真などがきれいで映《は》えることを、「インスタ映《ば》えがする」と言いました。「インスタ映え」や「SNS映え」は、2017年に流行したことばです。

ところが、その後、「インスタ映え」の「ばえ」だけを取り出し、それに「る」をつけた「ばえる」という動詞が広まりました。「ばえる」は、翌年の18年になって特に広まり、私たち国語辞典を作るメンバーが選ぶ「今年の新語」の大賞にも輝《かがや》きました。

意味は「インスタ映え」とは少し変わりました。インスタに投稿した写真はもちろんのこと、写真は投稿しなくても、思わず投稿したくなるほどきれいなもの、かわいいものについても「ばえる」と言います。

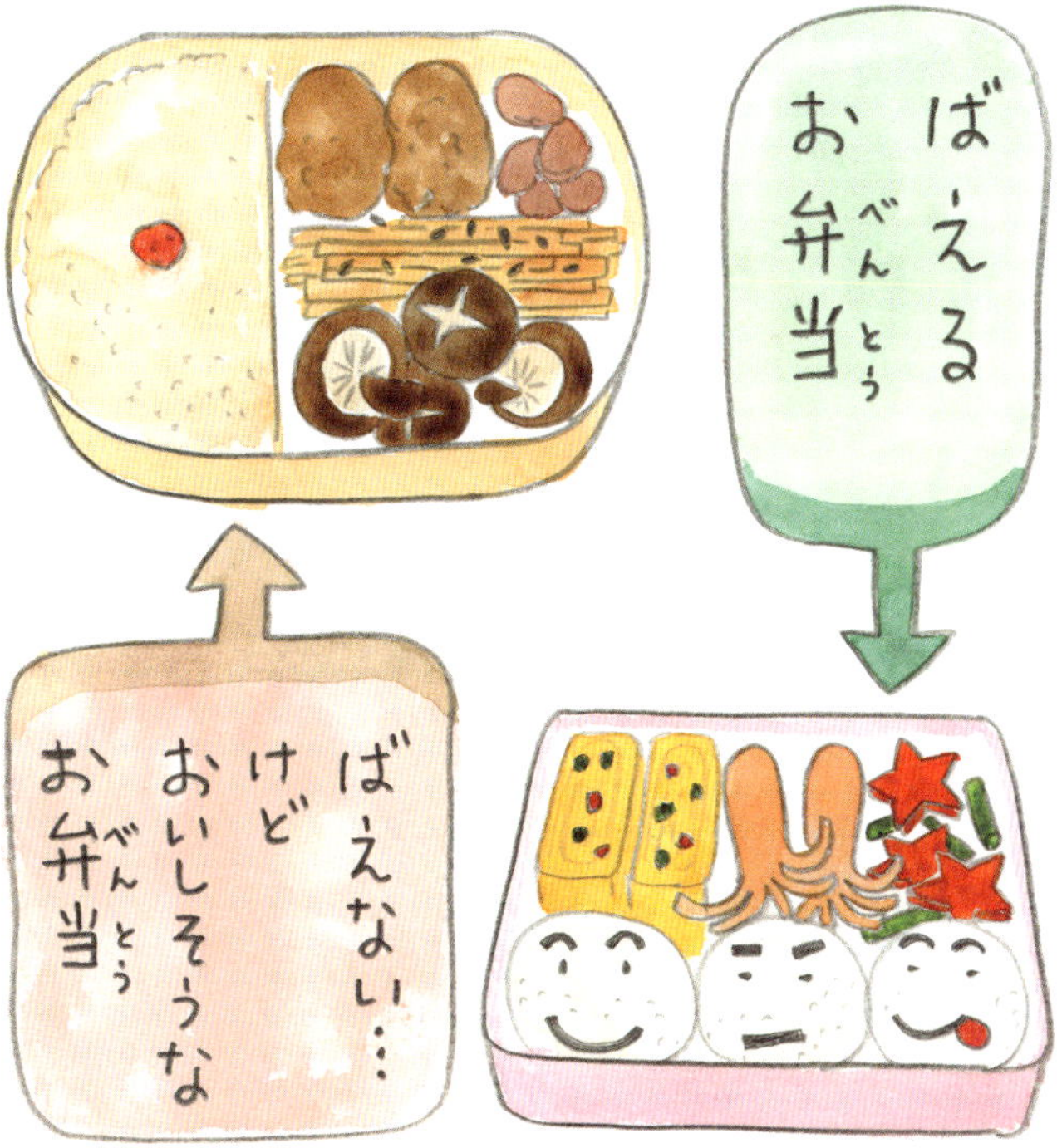

「る」をつけて作ったことばは、多くあります。「メモ」に「る」をつけて「メモる」。「事故」と「る」で「事故る」。「ハーモニー」の略の「ハモ」に「る」をつけて「ハモる」など。「ばえる」もその仲間です。

「ずれる」「だれる」「ばてる」など、濁音《だくおん》で始まることばには、あまりよくない意味のことばが多く見られます。ところが、「ばえる」は見た目をすごくほめることばです。その点でも特徴《とくちょう》のある言い方です。

どうして「分かりみ」と言うの？

「分かりみが深い」という言い方を、最近、使う人が多くなりました。たとえば、友だちの話に共感したときに使います。「分かりみがすごい」「分かりみ〜」とも言います。意味は「本当にそのとおりだと思う」ということです。

もともと「み」は、「感じ・度合い」という意味で使うことばです。「この写真は赤みが強い」と言えば、「赤い感じが強い」ということ。その用法が広がり、「つらみ」（つらい気持ちだ）とか、「うれしみ」（うれしい気持ちだ）とか言うようになりました。今までは、「つらさを感じる」「うれしさを感じる」のように「さ」だけを使っていました。

「み」はさらに用法が広がり、「カラオケ行きたみ！」などと言う人も現れました。昔なら、やはり「さ」を使って「カラオケに行きたさが強まった」と言うところです。

そして、さらに発展した「分かりみ」ということばまで出てきました。これは「さ」を使って「分かりさ」と言うことはできないので、まったく新しい言い方です。

どうしてこういう言い方が広まったのでしょうか。

「その話、よく分かるなあ」とふつうに言うと、感情がストレートに伝わりすぎて、はずかしいんでしょうね。それで、「分かりみが深い」、つまり「分かる度合いが深い」と、まわりくどい表現をするのです。

「み」は、気持ちを直接的に表したくないとき、便利に使われることばです。愛用者は増えるのではないでしょうか。

第8章

◆地名は面白い◆

めずらしい読み方をする県名

日本には全部で47の都道府県があります。その中には、めずらしい読み方をする県名もあります。どうしてその漢字をそう読むのか、疑問に思ったことはありませんか。

たとえば、「鳥取《とっとり》」。1文字目は、ふつう「とり」と読みます。2文字目は、「取った」「取って」のように「とっ」と読むことがあります。ならば、「とっとり」は「取鳥」と書いたほうがいいのでは?

いえ、これは「鳥取」でいいのです。

昔、鳥取には沼地《ぬまち》があって、水鳥がすんでいました。その水鳥たちをつかまえて、大王《おおきみ》にさし上げる仕事をする人々がいました。この人々のことを「鳥取部《とりとりべ》」と呼びました。

「とりとりべ」は、後に発音が変化して「とっとりべ」になりました。それが今の「とっとり」につながっているのです。

九州の「大分《おおいた》」もめずらしい読み方です。「だいぶん」ではなく「おおいた」。1文字目を「おお」と読むのは分かりますが、2文字目はどうして「いた」なのでしょう。

昔は、この地域に「おおきだ」という地名がありました。「きだ」は土地をいくつかに分けたひとつひとつの土地を指します。その「きだ」のうち大きい土地を「おおきだ」と言っていました。

「おおきだ」は、発音が変化して、今の「おおいた」になりました。「分」という漢字を書くのは、もともと、いくつかに分けた土地という意味だったからです。

実は当て字だった県の名前

日本で初めて本格的な都《みやこ》が置かれたのは奈良盆地《ならぼんち》でした。今の奈良県です。

この「奈良」という地名にはどんな意味があるのでしょうか。

漢字の「奈」は、「どうしよう」「どうして」という意味です。また、「良」は「よい」という意味です。ふたつの文字を並べても、意味が通りません。

実は、もともと「なら」というのは「平《たい》ら」という意味のことばでした。でこぼこの土地を平らにすることを「ならす」と言うのも、これと関係があります。

この盆地は、平らで、とても住みやすい所でした。「なら」と名付けられたのはそのためです。

「奈良」は当て字だったのです。

当て字の漢字を使った県名はほかにもあります。たとえば、「愛知《あいち》」がそうです。

「愛知」という漢字を見ると、「愛と知恵《ちえ》」のことかな、と思います。愛と知恵は、人間らしく生きるために大切ですからね。

ところが、実はちがいます。この土地は、古くは「あゆち」と言っていました。

「あゆち」は風の名前です。沖《おき》から海岸に向かってふいて来ます。この風に乗って、沖へ行った船も帰って来るし、めずらしい海のものも海岸へ打ち寄せられるのです。

「あゆち」は、いつの間にかなまって「あいち」になりました。もとの意味もいつしか忘れられ、「愛知」という漢字が当て字として使われているのです。

「命名の物語」がある県名

都道府県の名前の中には、命名されるまでのできごとが、ひとつの物語になっているものも少なくありません。

たとえば「岐阜《ぎふ》」。登場するキャラは、天下統一を進めた武将・織田信長《おだのぶなが》です。稲葉山城《いなばやまじょう》（今の岐阜城）を攻《せ》め落とした信長は、地名を変えようと考え、沢彦《たくげん》というお坊《ぼう》さんに地名の候補を出してもらいました。その中から選ばれたのが「岐阜」でした。

昔、中国で栄えた国にあった「岐山《きざん》」という山にちなんだ名前です。天下統一を前にして縁《えん》起《ぎ》がいいと、信長は喜びました。

「岐阜」は漢字も難しく、ちょっと読みにくい名前です。これは、知識のあるお坊さんが考えた地名だからなんですね。

南の島々からなる「沖縄《おきなわ》」も、地名の由来には物語があります。

織田信長より約1世紀前の時代、沖縄（琉球《りゅうきゅう》）は尚円王《しょうえんおう》という王が治めていました。そのころ、

村を管理していた安里大親《あさとうふや》という役人は、つりがたいそう好きでした。つりに使っていたのは、先に針《はり》のついたなわ。「つりなわ」というものです。

安里大親は、つりなわを川岸に置いておきました。そこで周辺を「置縄《おきなわ》」というようになり、いつしか島の名前になりました。

ただし、別の説もあります。内海《うちうみ》にある漁場（ナバ）、つまり「ウチナバ」からとも、また、沖にある漁場、つまり「オキナバ」からとも言われ、はっきりしないのです。

県名の由来を調べてみよう

自分の都道府県の名前が、どんな理由でついたのか、興味のある人は多いでしょう。いくつかの県名の由来を紹介《しょうかい》しましたが、全部は書ききれません。

地名の語源を調べる方法はあります。その基本は、大きな地名辞典を調べてみることです。図書館に行けば置いてあります。

たとえば、私のふるさとの県である「香川《かがわ》」を調べてみましょう。

ある地名辞典では、江戸《えど》時代の本からこんな話を紹介しています。

昔、この地域の山奥《やまおく》にカバの木があり、とてもいい香《かお》りがしました。木の下を流れる水が大河に流れこみ、周囲を香りでいっぱいにしました。それで、ここを「香川」と呼ぶようになったというのです。

夢《ゆめ》のある話ですが、そんなに香りの強い木があるのか？という疑問もわきます。

別の古い地名辞典では、この地域を治めた役人の先祖「イカガワヒコ」（五十河彦）から来

ん？なんかちがう気《き》がする…
カバの木《き》？
かがわ
えひめ
こうち
とくしま
※カバの木《き》は動物《どうぶつ》とは関係《かんけい》なく、シラカバやダケカンバの木《き》のこと。

たのではないか、といいます。ありそうな話ですが、「五十河彦」は正しくは「イカヒコ」と読むらしいので、「カガワ」の名前とはあまり関係がなさそうです。

　結局、はっきりしたことは分からないようです。でも、自分で「本当はこうではないか」と想像するのも楽しいものです。

　地名辞典は、文章が難しい場合もあります。学校の先生や、図書館の司書の人にも協力してもらうといいでしょう。

「島」はトウ？ シマ？ ジマ？

問題です。フランス皇帝《こうてい》ナポレオンが流された島はどこでしょう。聞いたことありますか。もうひとつ。大きな顔の石像《せきぞう》が並《なら》んでいることで有名なチリ領の島の名前は？ 分かったでしょうか。答えは、それぞれ「エルバ島《とう》」「イースター島《とう》」です。

このように、外国の島は、「〜とう」と読むのがふつうです。「〜しま」と読む外国の島は、私はちょっと聞いたことがありません。

反対に、日本の島の場合、ほとんどは「〜しま」か「〜じま」と読みます。兵庫県の「淡路島《あわじしま》」、沖縄県の「西表島《いりおもてじま》」のように。

ただし、日本にも「〜とう」と読む島があります。たとえば、「利尻島《りしりとう》」「奥尻島《おくしりとう》」「礼文島《れぶんとう》」。どこにある島でしょうか。そう、北海道です。「国後島《くなしりとう》」「択捉島《えとろふとう》」などの北方領土も「〜とう」と読みます。

このように、明治時代に開拓《かいたく》が進んだ地域では、「〜とう」が多く使われます。

小笠原諸島《おがさわらしょとう》の硫黄島《いおうとう》は、ニュースなどで「いおうじま」と読んだ時期もありましたが、2007年からは「いおうとう」と読んでいます。読み方がゆれていた例です。

では、「〜しま」「〜じま」はどう読み分けるのでしょうか。はっきりしたことは言えませんが、たとえば、沖縄県で「〜じま」が目立つといった特徴《とくちょう》はあります。また、「淡路島《あわじしま》」のように、前の部分（この場合は「あわじ」）を高く発音する場合は、「〜しま」になりやすい傾向《けいこう》があります。

「町」はマチか？ チョウか？

都道府県を細かく分けると、市町村という単位になります。市には市役所が、町・村にはそれぞれ町役場・村役場があります。

では、東京にはどんな町があるでしょう。えっ、「有楽町《ゆうらくちょう》」？ 銀座のとなりの地名ですね。たしかに「〜町《ちょう》」となっていますが、ここには町役場はありません。

東京で役場がある町は、たとえば、西のほうの「奥多摩町《おくたままち》」です。奥多摩町には、役場や議会があり、町長がいて、住民のために仕事をしています。こういう組織のことを「地方自治体」といいます。東京都も、奥多摩町も、地方自治体の例です。

地方自治体の町の名前を見ると、地域によって、読み方にちがいがあります。

東日本では、奥多摩町のほか、「藤里町《ふじさとまち》」（秋田県）、「那須町《なすまち》」（栃木県）など、「〜まち」と読む所が多いのです。一方、西日本では、「吉野町《よしのちょう》」（奈良県）、「那賀町《なかちょう》」（徳島県）など、「〜ちょう」と読む所が多いのです。東は「〜まち」、西は「〜ちょう」です。

例外もあります。東日本でも、北海道・岩手県などでは「〜ちょう」、西日本でも、九州北部などでは「〜まち」が多くなります。

「有楽町」のように地方自治体でない地名は、東か西かで区別することはできません。たとえば、東京には、有楽町のほか「明石町《あかしちょう》」など「〜ちょう」があるかと思うと、「大手町《おおてまち》」「信濃町《しなのまち》」など「〜まち」もあります。読み方がばらばらなのです。

沖縄県の「村」の読み方は？

地名クイズを出しましょう。次の村の名前が読めるでしょうか。「国頭村」「読谷村」「中城村」。どれも沖縄県の村です。

答えは、「くにがみそん」「よみたんそん」「なかぐすくそん」です。県外の人にとっては難しかったかもしれません。「城」を「ぐすく」と読むなど、沖縄の地名には特別な読み方があります。

特別といえば、読み方がすべて「〜そん」だったのに気づいたでしょうか。

沖縄の人は「そんなの当たり前だよ」と言うかもしれません。でも、全国的に見ると、「〜そん」と読む村は少ないのです。

たとえば、タンチョウが飛んでくることで知られる、北海道の「鶴居村《つるいむら》」。あるいは、合掌《がっしょう》造《づく》りの家々で有名な、岐阜県白川郷《しらかわごう》の「白川村《しらかわむら》」。古墳《こふん》などの古代の遺跡《いせき》が多い、奈良県の「明日香村《あすかむら》」……。このように、全国的には「〜むら」が多数派です。

「〜そん」と読む村は、沖縄のほか、鳥取・岡山・徳島・宮崎などの県に、いくつかあるだけ

沖縄《おきなわ》そんそんソング
国頭村《くにがみそん》
恩納村《おんなそん》
今帰仁村《なきじんそん》に
読谷村《よみたんそん》
そんそんそんそん…

です。たとえば「日吉津《ひえづ》村《そん》」（鳥取県）、「新庄村《しんじょうそん》」（岡山県）など。昔は、西日本にもう少し多くあったかもしれませんが、今では少なくなりました。

以上のことを知っておくと、地名クイズで正解する可能性が高くなります。では、問題。沖縄県の「東村」はどう読むでしょう。「ひがしむら」ではありませんね。そう、「ひがしそん」と読むのが正解です。

アイヌ語が元になった地名

日本に暮らす人々は、元をたどれば、複数の民族から成り立っています。昔、北海道・東北地方には多くのアイヌ民族が住んでいました。今でも、アイヌの人々は主に北海道に暮らしています。

北海道・東北地方には、アイヌの人々の土地だったことを示す地名が残っています。

たとえば、「ベツ」のつく地名。アイヌ語で川を表す「ペッ」から来ています。北海道の市名である「江別《えべつ》」「登別《のぼりべつ》」「紋別《もんべつ》」「士別《しべつ》」「芦別《あしべつ》」、それから登別市の地名「幌別《ほろべつ》」などがそうです。東北地方にも「今別《いまべつ》」（青森県）など、「ベツ」のつく地名があります。

あらためて地図を見ると、江別市の石狩川《いしかりがわ》をはじめ、それぞれの土地に大小の川があります。「ベツ」のつく地名は、もともとは、これらの川を呼んだのでしょう。

また、「ナイ」のつく地名。「沢《さわ》」（谷川）を表すアイヌ語から来ています。北海道の市名「稚内《わっかない》」「歌志内《うたしない》」のほか、東北地方にも、秋田県の地名「役内《やくない》」などがあります。

くっちゃん
倶知安
おこっぺ
興部
ぴっぷ
比布
おしゃまんべ
長万部
楽《たの》しい地名《ちめい》いろいろあるよ
アイヌの神《かみ》さま シマフクロウ

「ポロ」という地名もアイヌ語です。「大きい」という意味。北海道庁がある「札幌《さっぽろ》」市の「ポロ」がそれです。大きい川が流れていることから命名されたといいます。

さて、これだけの知識があれば、北海道にある「幌《ほろ》内《ない》」駅の由来も推測できます。「ホロ」（＝ポロ）は「大きい」、「ナイ」は「沢」です。つまり、昔ここに大きな沢があったことから名づけられたと考えられます。

地名の「谷」をどう読むか？

「谷」という漢字を地名に使うとき、あなたは何と読みますか。「当たり前でしょ、そのまま『たに』だよ」「ちがう、『や』だよ」と意見が分かれるはずです。地名の「谷」は、地域によって読み方が変わります。

そういえば、私の出身地・香川県では、「三谷町《みたにちょう》」「神谷町《かんだにちょう》」などと言います。地名の「谷」は、ふつう「たに」と読んでいます。

大学に入って、東京で暮らしはじめてからは、「渋谷《しぶや》」「世田谷《せたがや》」などの地名に親しむようになりました。東京の地名では、「谷」は多くの場合「や」と読んでいます。もっとも、「鶯谷《うぐいすだに》」は例外です。

大ざっぱに言って、「谷」は、関西では「たに」と読む地名が多いのです。たとえば、兵庫県の一ノ谷《いちのたに》、京都《きょうと》府の鹿ケ谷《ししがたに》など。近畿《きんき》や中部（日本海側）、中国、四国、九州も「たに」が多く見られます。

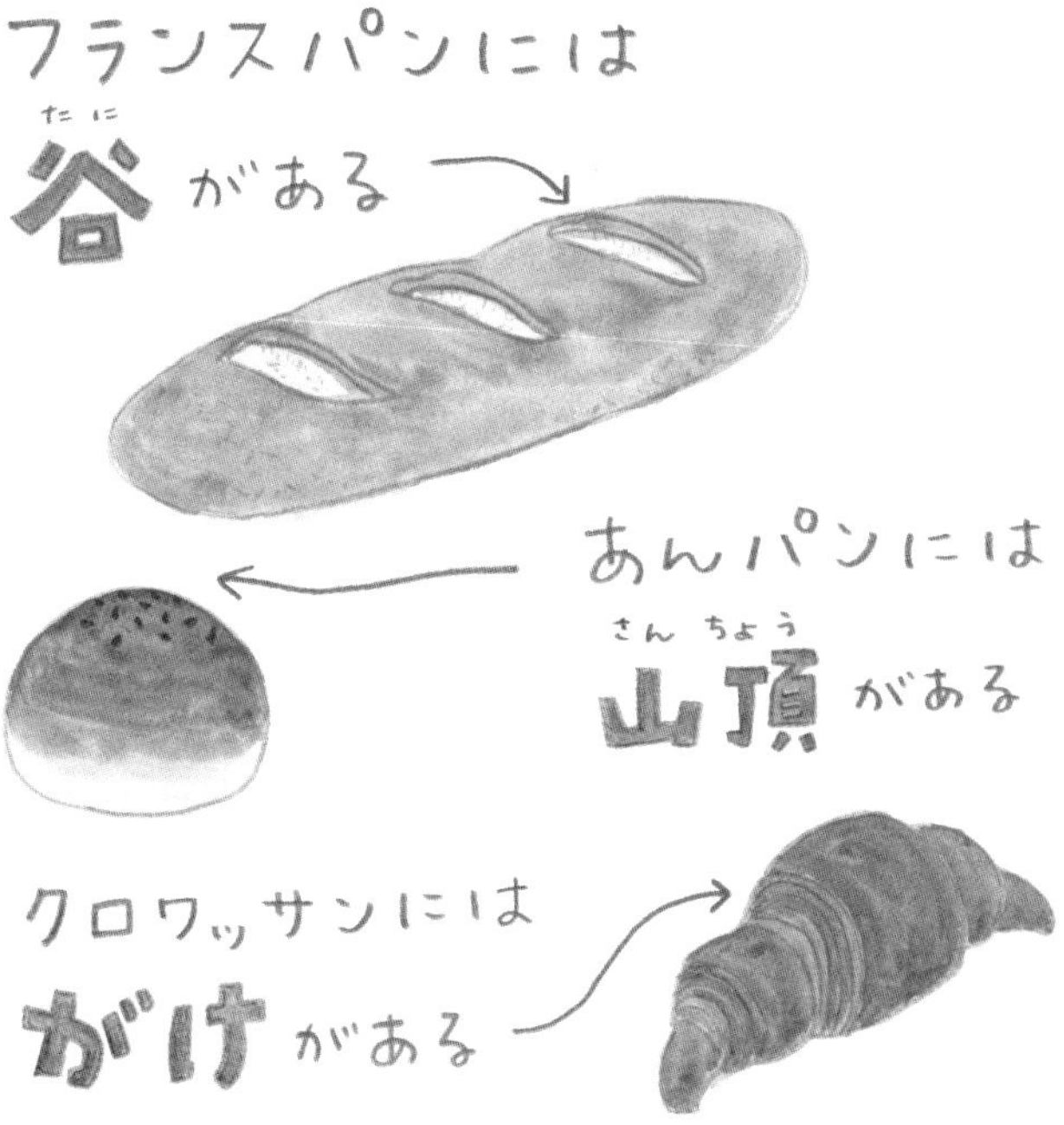
フランスパンには
谷《たに》がある
あんパンには
山頂《さんちょう》がある
クロワッサンには
がけがある

一方、関東の地名は、多く「や」と読みます。埼玉県の熊谷《くまがや》、千葉県の鎌ケ谷《かまがや》など。東北や中部（太平洋側）もそうです。

「や」は、もともと、谷の意味を表す「やつ」ということばから来ています。それで、神奈川県鎌倉《かまくら》市には「扇ガ谷《おうぎがやつ》」のように「やつ」と読む地名があります。他の地域では「やち」「やと」とも読みます。

沖縄県に行くと、「谷」のつく地名は、また変わります。「北谷《ちゃたん》町《ちょう》」「読谷村《よみたんそん》」のように「たん」と読むのです。これは「たに」が変化したことばです。

第9章

◆令和と万葉集◆

「令」の字に二つの書き方が？

「平成」の次の新しい元号は「令和」と決まりました。今まで当たり前に使ってきた元号が変わるって、ふしぎな気持ちがしますね。令和がいい時代になりますように。

ところで、「令和」を発表する時に、官房《かんぼう》長官が示した漢字の形（字形）が、学校で習う字形と少しちがっていました。

学校で習う「令」の字は、下の部分がカタカナの「マ」のようになっています。一方、長官が示した字は、新聞の活字によく似ていて、最後の画《かく》が縦棒になっています。はたして、二つは同じ漢字なのでしょうか。

結論を言うと、同じ漢字です。形のちがいは、いわばデザインのちがいにすぎず、二つを区別する必要はありません。どちらも昔から書かれてきた正しい漢字です。

同じ漢字でも、いろいろな書き方があります。たとえば、「木」という字は、縦棒の下を左

にはねてもいいし、はねなくてもかまいません。どちらも正解です。

あるいは、「細」という字は、いとへんの下を「、」を横に三つ並べた形に書くこともできます。これも正解です。

あなたが漢字を覚えるときは、教科書の字形（教科書体）を手本に書くのがいいでしょう。ただ、漢字には、正解となる字形がいくつもあります。文化庁から指針も出ているので、学校の先生には、いろいろな字形を知っておいてほしいのです。

「令和」という響きは新しい

「令和」という元号を初めて聞いたとき、私は「レイワ」の音の響《ひび》きが新しいな、と思いました。初めて聞いたから、ということ以外にも理由があります。

もともと、古い日本語には「らりるれろ」（ラ行）で始まることばがありませんでした。本当はあったのかもしれないけれど、記録には残っていません。

「来客《らいきゃく》」「立春《りっしゅん》」「礼儀《れいぎ》」などがあるじゃないか、と思うかもしれませんね。でも、これらは漢字を音読みすることばです。音読みというのは、漢字とともに日本語にたくさん入ってきた、中国語にもとづく読み方です。もともとの日本語ではありません。

それから、「ライト」「リボン」「ルージュ」など、外来語にもラ行で始まることばが非常に多くあります。「レ」のつくものだけでも、「レース」「レーザー」「レール」など、いくつも思いつくはずです。

音読みは千数百年、外来語も何百年かの歴史があります。ただ、日本語の長い歴史の中では、

わりあい新しく入ってきたものです。それで、ラ行で始まることばを聞くと、私は新しい感じを受けるのです。

ところで、「サクラ」「スミレ」にはラ行の音が入っています。これらは、もともとは日本語ではなかったのでしょうか。

そんなことはありません。古い日本語でも、ことばの最初以外はラ行音がありました。「サクラ」「スミレ」は古い日本語です。

「令和」の「令」は「命令」？

新元号「令和」の漢字を見て、「なんだか命令されているような感じがする」と言う人がいます。

まあ、気持ちは分かります。たしかに「命令」の「令」ですからね。

ただ、漢字にはいろいろな意味があります。たとえば、「漢字」の「漢」という字は、もともと「天の川」の意味でした。それが、中国の「漢」という王朝の名前になり、さらに中国そのものを指すことばになりました。「漢字」は中国の文字という意味です。

「令」は、もともと「おふれ」「法律」の意味でした。「命令」のほか「指令」「法令」などと使う「令」はこの意味です。ふだんよく使い、なじみ深い意味です。

でも、「令」には、ほかの意味も生まれています。「長官」の意味や、「よい、好ましい、めでたい」という意味などです。たとえば、「嘉辰令月《かしんれいげつ》」という四字熟語があります。「嘉辰」は、めでたい日。「令月」は、正月など、めでたい月のことです。

「令和」の「令」にも、この「よい、好ましい、めでたい」の意味があります。また、「和」

は「なごやか、おだやか」の意味です。だから、「令和」全体では「好ましく、おだやか」という意味になります。

　あなたの知っている人に「令子さん」のように「令」のつく名前の人はいませんか。この名前も、「よい、好ましい、めでたい」という意味でつけられた名前です。もちろん、命令とは関係がありません。

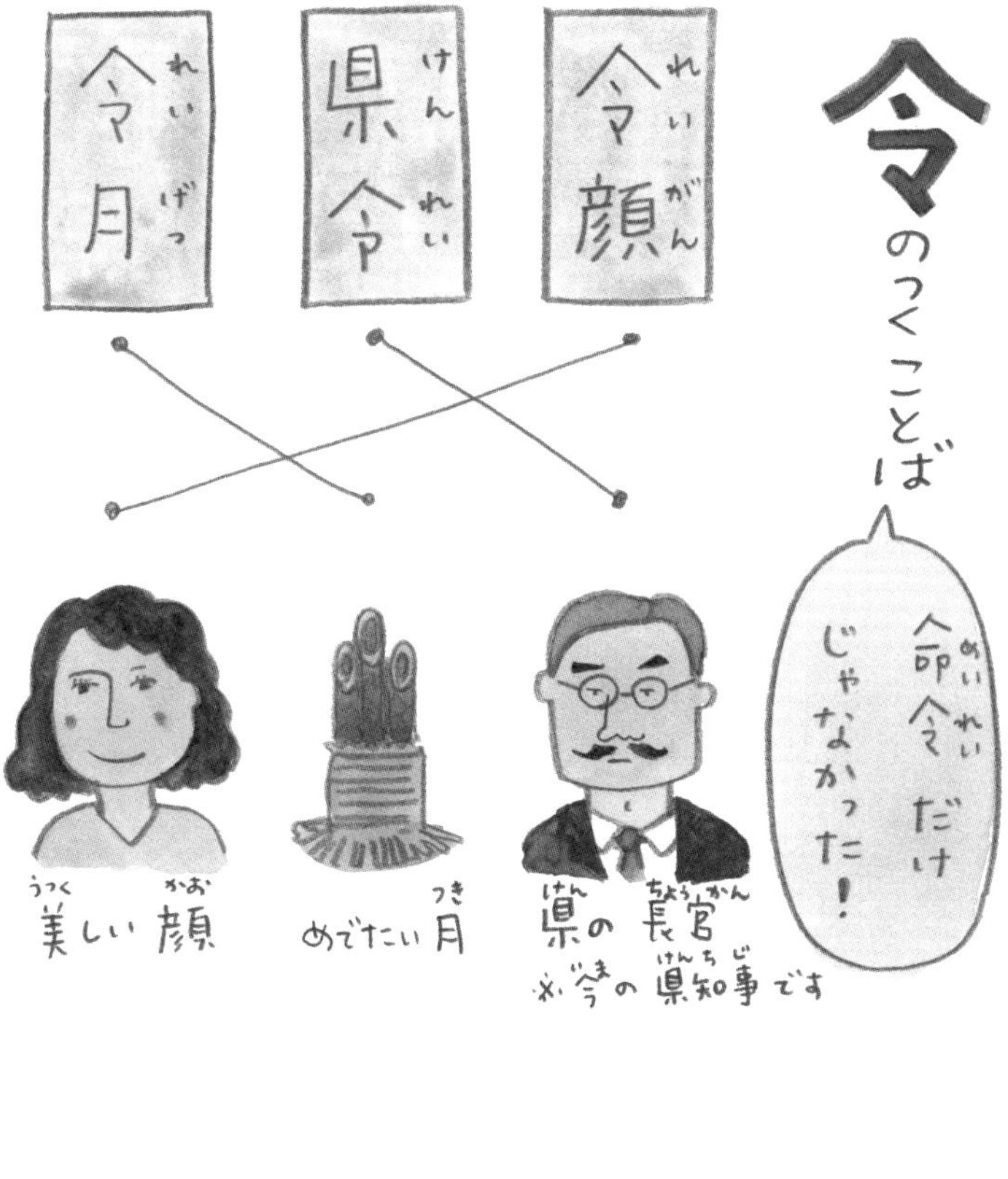

元号は「万葉集」の序文から

今残っているうちで一番古い歌集（和歌を集めた書物）は何でしょう。それは「万葉集」です。作られたのは8世紀。今から1200年以上も昔のことです。

「令和」という元号は、この「万葉集」の中のことばから選ばれました。

「万葉集」には、4500首以上もの多くの和歌がのっています。たとえば、「正月《むつき》立ち　春の来《きた》らば　かくしこそ　梅を招《お》きつつ　楽しき終《おえ》へめ」（正月になり、春が来たら、こうして梅の花を招いて楽しく過ごそう）という歌があります。梅をよんだ歌です。

この梅の歌の前には序文《じょぶん》（前書き）がついています。その序文のことばの中に、「初春の令《れい》月《げつ》にして、気《き》、淑《よ》く、風《かぜ》、和《やわ》らぎ……」という部分があります。意味は「春の初めの、めでたい月（時期）で、気候もよく、風もおだやかで……」ということです。

ここに「令」「和」の文字が出ていますね。「令月」（めでたい月）と「風、和らぎ」の部分です。この「令」と「和」を取って「令和」になったのです。

これまで、元号は中国の古典のことばから選ばれてきました。日本の古典から選ばれたことは大事件でした。歴史の本でなく、和歌の本から選ばれたのも驚《おどろ》きでした。

実は、私は大学生の時に「万葉集」が好きで、文庫本がボロボロになるほどくり返し読みました。それで、今度の元号は、私としてはけっこう気に入っています。

初春《しょしゅん》の
令月《れいげつ》にして
気《き》淑《よ》く
風《かぜ》和《やわ》らぎ…

「万葉集」を覚えた学生時代

「令和」の出典となった最古の歌集、「万葉集」。私は大学時代、ある先生が『万葉集』が読めない人は、日本語の研究はできません」と話されたのを聞き、「じゃあ、読めるようになろう」と思いました。

書店で、中西進《なかにしすすむ》先生が解説を書いた「万葉集」の文庫本を買いました。中西先生は、今回「令和」を考案した人だといわれます。

部屋で「万葉集」に読みふけりました。古いことばに苦労しましたが、心にしみる歌が多く、この歌集が大好きになりました。

「天《あめ》の海《うみ》に　雲《くも》の波立《なみた》ち　月《つき》の船《ふね》　星《ほし》の林《はやし》に　漕《こ》ぎ隠《かく》る見《み》ゆ」（柿本人麻呂《かきのもとのひとまろ》）

という、天を海にたとえた歌もありました。「天の海で、雲の波の中を、船になった月が、星の林の中にこぎ進んでかくれていくよ」という歌です。ＳＦ的ですね。

どうせなら「万葉集」の歌を覚えてやろうと思い、毎日少しずつ暗記していきました。「万葉集」

は全部で約4500首ありますが、その2割ぐらいは覚えたはずです。

得意になって、友だちに「万葉集」の本をわたし、「どの歌でもいいから読んでみて。ぼくが続きを言うから」と言いました。

ところが、覚えたはずなのに、ちっとも続きが言えません。私は忘れやすいのです。

ただ、歌は忘れても、そこで使われていることばの意味は忘れませんでした。後になって、それが日本語の研究をする上で、それがとても役に立ちました。

「万葉集」の親しみやすい歌

千数百年前の「万葉集」を学生時代に読んで、和歌のイメージががらっと変わりました。和歌というと取っつきにくいイメージがありましたが、「万葉集」には、天皇から無名の兵士まで、いろいろな人の歌が入っています。えっ、とあきれてしまうような歌も。

たとえば、池田の朝臣《あそみ》という、鼻の赤い人をからかう歌がのっています。

「仏《ぶつ》造る　真朱《まそお》足らずは《ワ》　水たまる　池田の朝臣《あそ》が　鼻の上を掘《ほ》れ」（仏を造る朱色《しゅいろ》の原料が足りなければ、朝臣の鼻を掘れ）

池田の朝臣の鼻を掘ったら、仏を造る朱色の原料がたくさん入っているだろう、というのです。悪口も和歌になるんですね。

天皇にも面白い作品があります。天武《てんむ》天皇は、吉野《よしの》（今の奈良《なら》県の地名）を訪れた時、こんな歌をよみました。

「よき人の　よしとよく見て　よしと言ひし　吉野よく見よ　よき人よく見」（よい人が、よ

いと思ってよく見て「よい」と言った吉野を、君もよく見よ。よい人よ、よく見よ)

ここでは「よき」「よし」「よく」がくり返されて、早口ことばのようになっています。この歌は、内容よりも、声に出して読む面白さをねらったのでしょう。

「万葉集」には、恋愛《れんあい》や自然をよんだすばらしい歌も数多くあります。でも、それだけでは、私はこの歌集を好きにならなかったでしょう。親しみやすい作品があったからこそ、和歌の世界に入っていけたのです。

「万葉集」に出てくる動物たち

「万葉集」はとても古い時代の和歌ですが、身近に思えるところもあります。動物がたくさん出てくるのです。

私が学生時代に調べたところ、多いのは鳥で、ホトトギスが一番多く出てきました。ほかにはウグイス、ツル、ガン、チドリ……などが登場します。

哺乳類《ほにゅうるい》に限ると、ウマが断トツに多く、シカがこれに続きます。ほかにはトラ、ムササビ、イヌ、ウシ、ウサギ、キツネ、クマ、サル……などが出てきます。

「むささびは　木《こ》ぬれ求《もと》むと　あしひきの　山《やま》の猟夫《さつお》に　あひ《イ》にけるかも」（ムササビが木のてっぺんに登ろうとしたら、猟師《りょうし》にあってしまった！）

これがムササビの歌です。この後、ムササビがどうなったかは書かれていません。

「万葉集」の中には、耳で聞くだけでは気づかない動物もいます。どういうことかって？　この歌集は、原文はすべて漢字で書いてあります。その漢字の中に、動物がかくれていることが

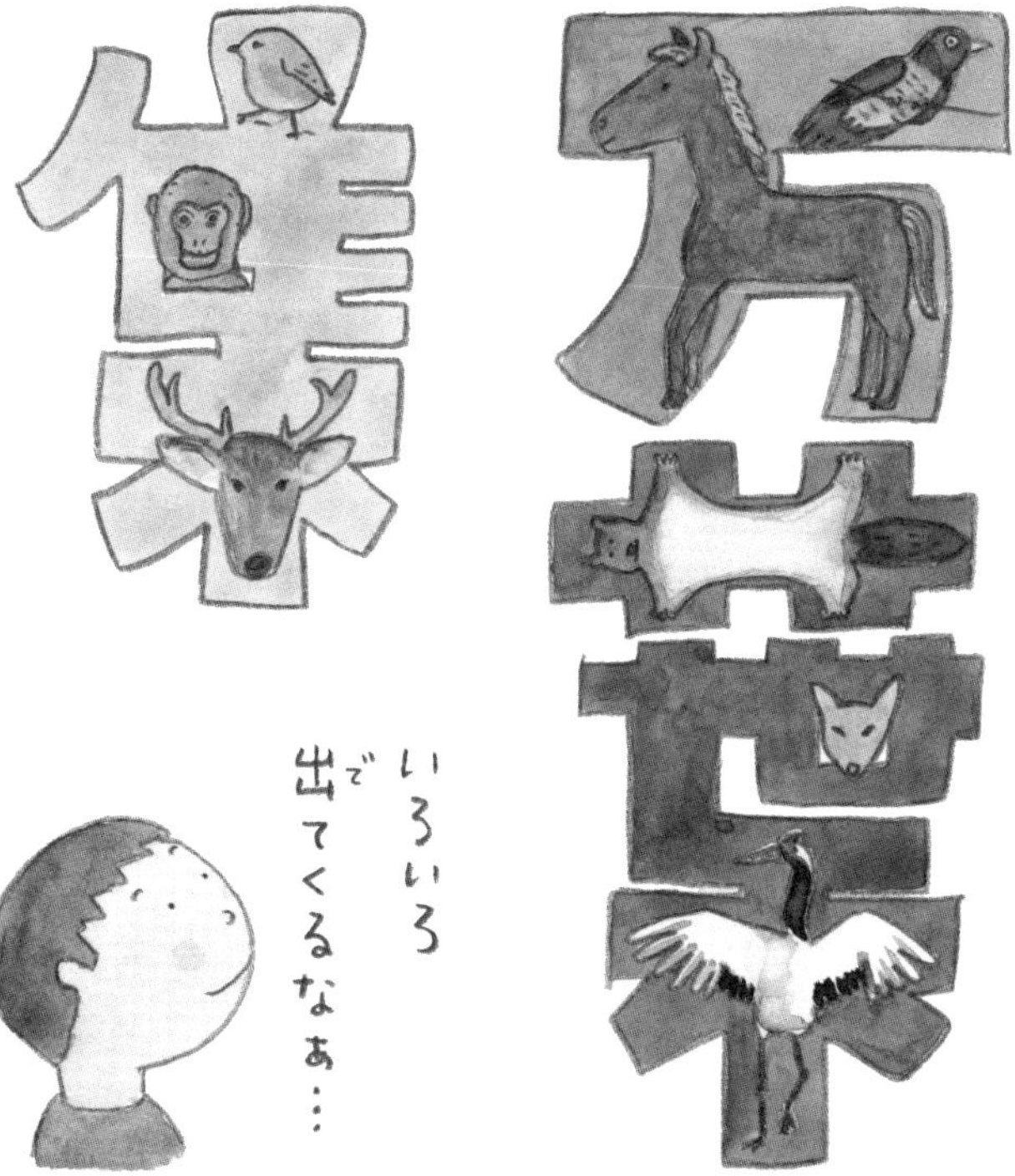

あるのです。

たとえば、「思《おも》ひ《イ》つるかも」(思ったんだよ)ということばは、「万葉集」では「念鶴《おもいつる》鴨《かも》」と書いてあります。「鶴」は鳥のツル、「鴨」は鳥のカモを表す漢字です。鳥を表す漢字をわざと使っているのです。

「万葉集」の和歌を書いた人は、こんなふうに、ことばや漢字で遊んでいることが、よくあります。ことばが好きで、文字を書くことを楽しんでいたのでしょう。

おわりに

日本語の森の中をあちこち探検してきました。この中に、あなたが「面白い、ふしぎだ」と両手でつかまえたくなった日本語がたくさんあったらいいな、と思います。

「教科書っぽくなく、楽しくて発見がある日本語の話を、新聞に連載《れんさい》してください」

『毎日小学生新聞』の大井《おおい》明子《あきこ》記者からこうたのまれたのは、2017年の初めのことでした。私は喜んで引き受けました。

国語の勉強は、好きな子も多いけれど、きらいな子も多いんです。学研教育総合研究所が2016年9月、小学生に「一番好きな科目」「一番きらいな科目」を質問しました。その結果、国語は「一番好き」より「一番きらい」の割合が目立って多かったのです（最新の調査でも、この傾向《けいこう》は続いていています）。

新しいことばを知ったり、ことばについて考えたりするのは、本当は、だれにとっても面白いはずなんです。その面白さを、ぜひみんなに伝えたい。子どもはもちろん、子どもの周りにいる大人にも。

やる気まんまんの私に、連載の担当になった田嶋夏希《たじまなつき》記者が言いました。

「文章には絵をつけたいですね。日本語の世界を親しみやすい絵にしてくれるイラストレーターの方はいませんか？」

「ああ、それなら、ぜひ、金井真紀《かないまき》さんにお願いしましょう」

以前から、金井さんとは仕事などでごいっしょしていました。私は、彼女《かのじょ》のそぼくでユーモラスな水彩《すいさい》画が気に入っていました。金井さんの画風で、日本語の話を目に見える形にしてもらえないかな。

私の願いを、金井さんは快く聞き入れてくれました。連載が始まると、私がうまく言えなかったことまでふくめて、ほんわかした、かわいらしい絵にしてくれました。

新聞連載は２０１７年３月30日付《づけ》から始まりました。タイトルは「日本語どんぶらこ」。川上からとつぜん「どんぶらこ」とモモが流れてくるように、どんな話が出てくるか分からない、という意味です。

今回、連載開始から２０１９年５月23日付までの文章をもとに、ことばを直したり、話の順番を入れかえたりして、一冊の本にまとめました。

本にまとめるにあたっては、毎日新聞出版の八木《やぎ》志朗《しろう》さんにお世話になりました。八木さんは全体の構成、本のデザインなどをふくめて、いろいろなアイデアを出してくれました。文章を直すのがおそい私を、じっと待っていてくれました。

このほか多くの人のおかげで、やっと本ができました。とても感謝しています。

この本を読んだあなたが、友だちや家族に、「日本語って、ことばって面白いんだよ」と話してくれるとうれしいです。この本がきっかけで、ことばが好きな人がふえますように。読んでくれてありがとう！

2019年10月23日

飯間浩明

【文】

飯間浩明（いいま・ひろあき）

1967年、香川県生まれ。国語辞典編さん者。『三省堂国語辞典』編集委員。国語辞典の原稿を書くために、新聞や雑誌、放送などから新しいことばを拾う毎日。街の中にも繰り出して、気になる日本語の採集を続ける。国語辞典を楽しむイベント「国語辞典ナイト」でも活躍。おもな著書に『辞書を編む』『小説の言葉尻をとらえてみた』（ともに光文社）『国語辞典のゆくえ』『つまずきやすい日本語』（ともにＮＨＫ出版）『ことばハンター』（ポプラ社）『知っておくと役立つ街の変な日本語』（朝日新聞出版）などがある。

ツイッター：@IIMA_Hiroaki

【絵】

金井真紀（かない・まき）

1974年、千葉県生まれ。文筆家、イラストレーター。「多様性をおもしろがる」を合言葉に世界各地で人の話を拾い集めて、文や絵にしている。著書に『世界はフムフムで満ちている』『酒場學校の日々』（ともに皓星社）『はたらく動物と』『サッカーことばランド』（ともにころから）『パリのすてきなおじさん』（柏書房）『子どもおもしろ歳時記』『虫ぎらいはなおるかな？』（ともに理論社）がある。うずまき堂代表（部下は猫2匹）。

うずまき堂マガジン
https://uzumakido.com/

【装丁】宮川和夫事務所
【本文デザイン】芝山雅彦（スパイス）

日本語《にほんご》をつかまえろ!

印　刷　2019年11月15日
発　行　2019年11月30日

文　飯間浩明《いいまひろあき》
絵　金井真紀《かないまき》

発行人　黒川昭良
発行所　毎日新聞出版
〒102-0074　東京都千代田区九段南1-6-17　千代田会館5階
営業本部:03(6265)6941
図書第二編集部:03(6265)6746
印刷・製本　光邦

ISBN978-4-620-32611-5